Michaela Buitenwerf-Weber

Blüh auf, mein Herz!

.

Über die Autorin

Michaela Buitenwerf-Weber ist ausgebildete Farb- und Stilberaterin. Ihre große Leidenschaft ist es, Frauen mit Gottes Liebe bekannt zu machen und sie auf dem Weg zur Freiheit in Christus zu begleiten. Die Mutter von drei erwachsenen Töchtern lebt mit ihrem Mann in den Niederlanden.

Michaela Buitenwerf-Weber

Blüh auf
MEIN HERZ

Entdecke, was dich zum Strahlen bringt

Aus dem Niederländischen von Corinna Schrader

Titel der Originalausgabe:
Michaela Buitenwerf-Weber
„In volle bloei: Ontdek jouw weg naar een nieuwe lente"
©2023 Triple Boeken, NL-Aalten

© 2024 Gerth Medien
in der SCM Verlagsgruppe GmbH,
Berliner Ring 62, 35576 Wetzlar

1. Auflage 2024
Bestell-Nr. 821039
ISBN 978-3-98695-039-2

Umschlaggestaltung: Hanni Plato
Umschlagfotos: Getty Images; Vladimir Vladimirov (Verlagsausgabe),
Jeff Bergen (Clubausgabe)
Satz: Immanuel Grapentin
Druck und Verarbeitung: FINIDR
Printed in Czech Republic

www.gerth.de

Dieses Buch widme ich meinen wundervollen Töchtern Melissa, Felicia und Olivia.

Ihr seid kostbar und ich liebe euch unendlich.

Mein größter Wunsch ist es, dass ihr vollkommen aufblüht!

Inhalt

Teil 1 9

ENTWICKLUNG & WACHSTUM

Vorwort 13

Kapitel 1 · Meine Geschichte 17

Kapitel 2 · Blüh auf, mein Herz, bald ist Frühling! 25

Kapitel 3 · Spieglein, Spieglein an der Wand 32

Kapitel 4 · Ärger im Paradies 45

Kapitel 5 · Ich sehe was, was du nicht siehst 57

Kapitel 6 · Die große Veränderung 66

Teil 2 75

AKZEPTANZ & VERÄNDERUNG

Kapitel 7 · Hilfe, was soll ich anziehen?! 77

Kapitel 8 · Beeindruckender Style 88

Kapitel 9 · Was hast du im Kleiderschrank? 98

Kapitel 10 · Diamonds are a girl's best friend 116

Kapitel 11 · Die perfekte Hausfrau 125

Teil 3 133
IDENTITÄT & BESTIMMUNG

Kapitel 12 · **Kostbare Tochter** 135

Kapitel 13 · **Bräutigam sucht Braut** 147

Kapitel 14 · **Zwischen Tüll und Tränen** 155

Kapitel 15 · **Blüh auf, mein Herz!** 165

Kapitel 16 · **Ein Leben lang Königin** 177

Kapitel 17 · **Lebe im JETZT!** 188

Kapitel 18 · **Schönheit** 197

Kapitel 19 · **Lebe bewusst! Lebe heute!** 209

Kapitel 20 · **Auf geht's, meine Freundin!** 215

Willkommen in der Familie! 219

Zu guter Letzt 222

Teil 1

Entwicklung & Wachstum

Hallo, liebe Freundin,

wie schön, dass wir hier aufeinandertreffen. Ich habe mich auf diese Begegnung mit dir sehr gefreut. Für dich wurde dieses Buch geschrieben.

„Blüh auf, mein Herz" ist meiner Idee nach mehr als ein Buch, es ist eine Bewegung. Es ist die Geschichte eines kleinen Samenkorns, das gesät wird, wächst, zu blühen beginnt und wunderbare Früchte trägt. Dieses Buch ist meine Einladung an dich, Teil dieser Bewegung zu werden.

Alles Liebe,
Michaela

Kind, ich weiß,
dass du von
Blumen träumst,
aber du
musst erst
Samen säen.

BEAU TAPLIN

Vorwort

Es war einmal ein kleines Mädchen in einer Stadt irgendwo in unserem Land. Ihre Eltern hatten ihre Geburt sehnlichst erwartet und sie voller Freude willkommen geheißen. Sie gaben ihr alle Liebe und Fürsorge, die sie brauchte. So wuchs sie in einem behüteten und warmen Nest auf. Sie blickte voller Vertrauen und Erwartung auf ihr Leben. Jeder Tag war ein Fest. Sie liebte es, sich zu verkleiden, zu spielen und tanzen, zu lachen und glücklich zu sein. Es fehlte ihr an nichts. Ihre Eltern unterstützten und förderten sie. Sie sagten ihr jeden Tag, wie schön und besonders sie sei, und gaben ihr auch den Raum, Fehler zu machen.

So wuchs sie heran und entwickelte sich bestens. Sie zweifelte nicht daran, dass sie besonders war, sodass sie den Mut und die Kraft hatte, ihre Träume zu realisieren und ein Leben zu führen, in dem sie vollkommen aufblühte. Sie entwickelte sich zu einer wunderschönen Frau, die sich ihrer Qualitäten und Talente bewusst war. Sie war besonders, schön, wertvoll und wurde geliebt. Sie lebte ihr Leben in dem Wissen, wer sie war, und gab diese Selbstsicherheit an andere weiter, sodass auch sie aufblühen konnten ...

Das hört sich an wie ein Märchen, oder? Zu schön, um wahr zu sein? Etwas, was du auch gerne hättest? Ein Leben in Geborgenheit, erfüllt mit Liebe, Wertschätzung und Akzeptanz. Ein Leben, in dem du dich entfalten, aufblühen und glücklich sein kannst.

Leider sieht die Realität oft ganz anders aus. Wir leben in einer Welt, in der Ablehnung eins der größten Probleme ist, in der wertvolle Freundschaften keineswegs selbstverständlich sind, in der Ehen und Beziehungen zerbrechen, in der unzählige Kinder dadurch und aus vielen anderen Gründen verunsichert sind und im Chaos aufwachsen. Eine Welt, in der Eltern ihr Bestes geben und doch oft versagen, weil sie eigene Bedürfnisse und innere Leere aus ihrer eigenen Vergangenheit in sich tragen. Wir leben in einer Welt, in der gemobbt, im Stich gelassen und enttäuscht wird. So tragen wir alle auf die eine oder andere Weise Narben davon.

Wie auch immer deine Lebensumstände waren oder aktuell sind, eins ist sicher: Du bist kostbar! Voller Talent, Qualitäten und Potenzial. Auch, wenn du das selbst vielleicht nicht so siehst oder nicht daran glaubst, oder wenn deine Lebensumstände dich davon abhalten, es zu entdecken.

Deshalb habe ich dieses Buch geschrieben. So ist *„Blüh auf, mein Herz!"* entstanden – mit dem Wunsch, dir zu helfen, dich auf den Weg zu deiner persönlichen Blüte zu machen. Dich zu ermutigen, aus deiner Komfortzone zu treten, denn dann beginnt in deinem Leben Entwicklung und Wachstum. Es ist ein Prozess. Aufblühen geschieht nicht über Nacht, es braucht Zeit und Wachstum.

Mein Wunsch ist es, Frauen wie dich zu inspirieren, zu motivieren und zu aktivieren, sodass sie ihren Weg zu einem neuen Frühling entdecken und mit mehr Selbstvertrauen durchs Leben gehen können.

WO AUCH
IMMER DICH
GOTT *gepflanzt*
HAT: BLÜHE!

KAPITEL 1
Meine Geschichte

Geboren wurde ich eines Tages im März in Süddeutschland. Ungewöhnlicherweise zu Hause und nicht im Krankenhaus. Ich hatte es nämlich so eilig, dass keine Zeit mehr blieb, ins Krankenhaus zu fahren. Ich wollte meine Augen wohl zum ersten Mal zu Hause öffnen. Ein wohliges Nest, wo meine Eltern und meine vier Jahre ältere Schwester mich voller Vorfreude erwartet hatten. Ich wuchs in einer liebevollen Familie als mittlere von drei Töchtern auf. Erst elf Jahre nach meiner Geburt bekamen wir noch einen kleinen Bruder dazu.

Schon früh in meinem Leben entdeckte ich meine Liebe zu schönen Dingen. Meine Mutter erzählte mir, dass ich als kleines Mädchen regelmäßig ihre Kleidung kommentierte: „Mama, die Schuhe passen nicht so gut zu deinem Kleid. Zieh doch lieber diese an." Kleidung und Farben waren mir schon immer wichtig, weil ich sehr auf alles achte, was ich sehe und fühle. Ich bin ein visueller Mensch.

Als ich ungefähr sieben Jahre alt war, bekam ich schwarze Lackschuhe mit Riemchen und feinem roten Rand. Ich war so stolz auf sie. Sie glänzten so schön. Das fand ich wunderbar. Mit ihnen fühlte ich mich besonders. Viele Jahre später, als ich meinen ersten Job hatte und eigenes Geld verdiente, war Shoppen mein größtes Hobby. Oft stach ich mit meiner ausgefallenen Farbauswahl heraus. Vor allem Rosa hatte es mir angetan. Ich hatte rosa Pullover, Blusen, Hosen, Taschen und sogar Stiefel aus rosa Wildleder. Selbst mein Zimmer war in den verschiedensten Rosatönen gestrichen. Ich trug meine Kleidung mit Stolz und Selbstvertrauen.

Mein Zimmer lag auf dem Dachboden unseres Reihenhauses. Zuerst gehörte es mir zusammen mit meinen beiden Schwestern, später als sie ausgezogen waren, hatte ich es für mich allein. Seitdem stand auf jeder Treppenstufe zu meinem Zimmer ein Paar meiner Schuhe. Eine „Wette" mit meiner Mutter, die behauptete, ich hätte mindestens 50 Paar Schuhe, gewann ich. Es waren nämlich „nur" 48 Paare. Das war 1985, als ich 23 Jahre alt war.

Ich muss ergänzen, dass ich danach einige Jahre modischer Fehlgriffe und farblicher Verirrungen durchlebte. Ich war verheiratet, hatte zwei Töchter und einen Mann, der viel auf Reisen war. Meine Energie steckte ich vor allem in das tägliche Leben. Einige Jahre später, als meine zweite Tochter in den Kindergarten ging, war meine Liebe zu Mode und Farben der Grund, dass ich eine Ausbildung zur Farbberaterin begann. Darauf folgten eine Ausbildung in Modestyling und verschiedene Make-up-Kurse. Ein paar Jahre arbeitete ich als Beauty-Beraterin.

Irgendwann zu dieser Zeit begann in mir eine großartige Entdeckungsreise zu innerer Heilung und Wiederherstellung. Eine Coaching-Ausbildung half mir zu entdecken, dass ich nicht weniger wert bin als andere Menschen. Ich erkannte, welche Talente ich habe und dass meine Gaben und die der Menschen um mich herum sich ergänzen. Das hat mir die Augen geöffnet. Es half mir, mehr Ruhe und innere Balance zu finden.

Mittlerweile nutze ich in meinen Beratungen auch Image-Coaching. Diese Methode geht tiefer als Styling, Farb- und Make-up-Beratung. Die Einzigartigkeit jeder einzelnen Frau steht im Fokus der Beratung, und die Persönlichkeit und innere Kraft darf noch mehr zur Geltung kommen, als es bisher der Fall war.

Außerdem halte ich regelmäßig Vorträge auf Frauenveranstaltungen und Konferenzen in den Niederlanden und in Deutschland. Aktuell bilde ich mich in den Bereichen Interieur und Design weiter. Inneneinrichtung ist eine meiner großen Leidenschaften. Auch dabei beschäftige ich mich wieder mit Farben und Stil, was mir sehr gefällt. Es erstaunt mich immer wieder, wie viel Einfluss die richtigen Farben und ein Hauch Make-up auf Frauen haben können. Ein Motto meiner Arbeit ist: „Fühle dich schön!" Denn wenn wir uns schön fühlen, strahlen wir das aus. Ich weiß aus eigener Erfahrung, welchen Effekt das hat. So versuche ich, Frauen zu zeigen, dass sie mit mehr Selbstvertrauen durchs Leben gehen können. Denn nicht jede hat ein angeborenes Gefühl für Farben und passende Kleidung. (Mir jedenfalls war dieses Gefühl auch einige Zeit abhandengekommen ...)

Über die Jahre erlebte ich, wie eine gute Farbberatung nicht nur das Äußere beeinflusst. Manchmal werden auf diese Weise tiefere Ebenen erreicht. Ich sah Frauen voller Rührung ihr Spiegelbild bestaunen, weil sie vorher noch nie gesehen hatten, wie schön sie sein können. Frauen, die durch ihre Lebensgeschichte entmutigt, erschöpft und verletzt waren. Frauen, die keine Energie, Zeit oder kein Geld hatten, um gut für sich selbst zu sorgen. Oder Frauen, die mit einem falschen Selbstbild lebten, weil sie in ihrer Jugend keine oder nur wenig Liebe und Bestätigung erlebt hatten.

Ich erinnere mich gut, wie einmal eine ältere Dame mit ihrer Tochter zu mir zur Farbberatung kam. Als die Mutter in meinem Studio vor dem

Spiegel saß, machte ich sie auf ihre wundervoll sanfte Ausstrahlung, die ich sehen und spüren konnte, aufmerksam.

Sie fing sofort an zu weinen und sagte: „Ich dachte immer, ich sei ein Biest." Ihre Tochter verneinte das sofort vehement. Ist es nicht seltsam, wie man mit Überzeugungen, die man irgendwann mal aufgeschnappt hat, jahrzehntelang leben kann? Du trägst sie in deinem sprichwörtlichen Rucksack mit dir mit, der dadurch immer schwerer wird.

Viele Momente wie dieser mit der netten Dame und ihrer Tochter haben mich tief berührt und machen deutlich, dass auch Tipps, die das äußere Erscheinungsbild betreffen, wie Balsam auf der verwundeten Frauenseele wirken können. Dadurch ist in mir eine tiefe Sehnsucht gewachsen, Frauen zu helfen, aufzublühen.

Blütezeit Tipp:

Wir sehen Farbe als etwas Selbstverständliches an.
Schau dich mal in der Natur um.
Siehst du, wie viele Grüntöne es gibt?

Suche für deine Einrichtung und Kleidung Farben aus,
die dir Freude bereiten.
Frage deine Freundinnen, was dir gut steht.

Trägst du auch solche negativen Überzeugungen und
Glaubenssätze mit dir herum?

Hast du bereits verstanden, dass sie nicht wahr sind?
Wenn ja, wodurch?

Nach Frauen sind *Blumen* die göttlichsten Geschöpfe.

CHRISTIAN DIOR

KAPITEL 2

Blüh auf, mein Herz, bald ist Frühling!

Ich stehe in meinem Garten und spüre die ersten sanften Sonnenstrahlen auf der Haut. Der Frühlingsduft weht mir um die Nase. Nach all den tristen Monaten ist es endlich wieder so weit. Ein Gefühl des puren Glücks erfüllt mich. Ich entdecke die ersten Knospen an meinem Kirschbaum. Mein Herz macht einen Hüpfer. Nicht mehr lang, dann erstrahlen die wunderschönen Blüten.

Ich liebe den Frühling sehr. Der Winter ist vorbei, die ersten Blumen sprießen aus dem Boden. An den kahlen Bäumen werden die ersten zarten Zeichen der Erneuerung sichtbar: kleine Knospen, die langsam größer werden. Vögel verlassen ihren Unterschlupf und singen die ersten fröhlichen Lieder. Die Natur erwacht, Düfte und Farben brechen aus ihr hervor. Erst in frischem Hellgrün, dann rosa, gelb und weiß.

Mir bereitet das große Freude und mein Herz geht dabei auf, weit auf. Es ist, als könnte ich nach langer Zeit endlich wieder richtig durchatmen. Das pure Glück. Überall in der Natur sehe ich, dass der Kreislauf des Lebens wieder von vorne beginnt und das Wunder des Lebens sich entfaltet. Herrlich!

Ich denke, in unserem Leben ist es ähnlich. Wir erleben verschiedene Jahreszeiten: Zeiten der Kälte und Hitze, der Dürre und des Überflusses, des Wartens auf bessere Zeiten, aber auch Zeiten von Geburt, neuem Leben, Feiertagen und Glück.

Frühling ist, wenn eine Zeit der Krankheit und Trauer sich dem Ende zuneigt und wir nach Schwierigkeiten wieder aufatmen können, weil der lange graue Winter endlich Abschied nimmt. Frühling ist, wenn wir nach Zeiten des Stillstandes wieder Zuversicht in hoffnungslos geglaubten Situationen sehen. Dann erwachen die Frühlingsgefühle.

Dann kann man die kleinen Dinge wieder genießen. Etwas, das lange Zeit im „Winterschlaf" lag, wie zum Beispiel ein Spaziergang in der Sonne, der einen zufrieden und froh macht. Wieder Augen für die Vögel, Schmetterlinge und Blumen haben.

Oder endlich mal wieder ein Tag ohne Schmerzen …

Aber der Frühling ist mehr als das Zurücklassen des Winters. Frühling ist Erwartung und Wachstum. Es bedeutet, startklar zu sein und zu erwachen. Der Frühling ist das wunderbare Flower-Power-Wunder Gottes für den Menschen, für dich. Alles bricht in ein neues Leben auf. Wachse, blühe! Blütezeit!

Das Wunder der Natur, neues Leben, neues Wachstum und neue Blüte. Dafür wurdest du geschaffen. Und wie schön ist es, mitten in einem neuen Frühling zu leben. Zu sehen, wie deine Talente und deine Kraft aufblühen. Zu sehen, wie du in deiner Welt etwas beizusteuern hast. Dass du andere inspirieren, motivieren und aktivieren kannst. Das schenkt Zufriedenheit und bereichert dein Leben auf ungekannte Weise.

Ich glaube, dass Gott dies vor Augen hatte, als er dich schuf. Ein Leben in voller Kraft, in dem du *du selbst* sein, deine Talente entwickeln und einsetzen kannst.

Ich weiß selbst nur zu gut, dass man von Entwicklung und Wachstum träumen kann und trotzdem im gewohnten Trott hängenbleibt. Weil du müde bist, weil du nicht an deine Kraft, sondern dein Gefühl glaubst, das dir etwas ganz anderes weismachen will. So träumst du von besseren Zeiten, aber der Traum bleibt dann auch nur ein Traum.

Du bist mit Absicht
für eine bestimmte
Bestimmung
geschaffen worden.

Blütezeit Tipp:

Ein Spaziergang wird dir guttun.
Nimm dir Zeit für dich selbst, und achte auf die
Natur um dich herum. Was siehst du?

Wie sieht's in deinem Leben aus?
Wann hast du den letzten „Wachstumsschub" erlebt?
Wann hast du zum letzten Mal das Gefühl gehabt,
in voller Blüte zu stehen?
Was hält dich zurück, in Bewegung zu kommen?

Schönheit ist
Selbstvertrauen
und das Wissen,
dass du es
wert bist!

KAPITEL 3

Spieglein, Spieglein an der Wand ...

ÜBER UNSERE GROSSE SEHNSUCHT, SCHÖN ZU SEIN.

„Wie findet ihr mein neues Kleid?" Eine unserer Töchter kommt ins Wohnzimmer gelaufen. Sie war mit einer Freundin shoppen und präsentiert uns ihre neuste Errungenschaft. Sie möchte gern unsere Meinung hören. Es tut ihr gut, in ihrer Wahl bestätigt zu werden. Diese Bestätigung wünscht sie sich auch von ihrem Vater.

„Spieglein, Spieglein an der Wand, wer ist die Schönste im ganzen Land?" Wahrscheinlich kennst du das Märchen von Schneewittchen und ihrer bösen Stiefmutter, die mit allen erdenklichen Mitteln die Schönste im Land sein möchte. Eine Sehnsucht, so alt wie die Welt. Kennst du das auch? Den Wunsch, schön und besonders zu sein, gesehen zu werden?

Schön sein bzw. für schön gehalten werden, ist im Leben eines Mädchens, einer Frau, wichtig.

Ich wuchs mit den Märchen der Gebrüder Grimm auf: Schneewittchen, Dornröschen, Hänsel und Gretel und viele mehr. Sie alle waren Teil meiner Mädchenträume. Gemeinsam mit meinen Schwestern Gabi und Ulrike spielte ich die Geschichten nach. Wir verkleideten uns und stellten uns unser eigenes märchenhaftes „Und-sie-lebten-glücklich-bis-an-ihr-Lebensende" vor. Wir träumten von unserem Prinzen. Wie schön wäre es, wenn eines Tages jemand käme, der uns so besonders fände, dass er den Rest seines Lebens mit uns verbringen möchte …

Mittlerweile bin ich mehr als 35 Jahre glücklich verheiratet. Mit einem großartigen Mann, der übrigens überhaupt nicht meiner damaligen Traumvorstellung entspricht. Ich habe drei wundervolle Töchter, auf die ich sehr stolz bin. Und obwohl ich von ihnen oft Komplimente bekomme, bleibt das tiefe Bedürfnis, schön und besonders zu sein. Oder vielleicht eher der Zweifel, ob ich schön genug bin. Denn meine Haut ist weder zart und weich wie ein Baby-Popo noch kann meine Figur mit denen der Models auf den Covern der Lifestylemagazine mithalten.

Aber ich weiß, dass ich nicht die Einzige mit diesen Gedanken bin. Bei meinen Töchtern und vielen anderen Frauen sehe ich die gleichen Unsicherheiten. Sie kämpfen die gleichen Kämpfe. Als Beauty-Beraterin war ich bei unzähligen Frauen jeden Alters zu Hause. Zwischen den Make-up-Tipps hörte ich überall ähnliche Gespräche. (Rate mal, worum es ging! Es waren immer dieselben Fragen und Unsicherheiten.)

Wie sieht es bei dir aus? Darf ich dir ein paar Fragen stellen, für die du dir einen Moment Zeit nimmst?

Wie oft hast du in deinem Leben schon eine Diät gemacht?

Lässt du dich gerne fotografieren? Was denkst du, wenn du Fotos von dir siehst?

Verrätst du gern dein Alter?

Hast du schon mal jemanden getroffen und dachtest: Sähe ich nur so hübsch aus wie sie?

Wie fühlst du dich im Badeanzug oder Bikini? Vielleicht gehst du wegen deiner Figur schon lange nicht mehr ins Schwimmbad oder an den Strand ... Woher kommt diese Unsicherheit und wie ist sie entstanden? Schau dir mal kleine Kinder an. Sie kümmern sich um solche Dinge überhaupt nicht. Und vor langer Zeit war das bei dir genauso.

Irgendwann auf deinem Lebensweg ist etwas passiert, das dich in deinen Gefühlen, Gedanken und letztendlich auch in deinem Handeln beeinflusst hat.

Eins ist sicher, ein Mädchen möchte gesehen und gehört werden. Erst von ihrem Vater, später von ihrem Mann und natürlich auch von Freundinnen, Kollegen etc. Wenn sie diese Bestätigung nicht erhält, bleibt eine innere tiefe Sehnsucht danach. Gilt das auch für Männer? Jeder Mensch ist für Beziehungen und Zuneigung geschaffen. Dieses Bedürfnis steckt in jedem von uns. Wird dieses Bedürfnis nicht gestillt, entsteht eine innere Leere, die immer größer wird.

Wie oft hast du heute schon in den Spiegel geschaut? Oder meidest du ihn? Aber wenn du es doch tust, was siehst du? Vielleicht siehst du dann vor allem den einen Pickel auf der Stirn oder den störenden Fleck auf dem Dekolletee. Deine Nase, die du zu breit findest oder die Speckrollen, die deine Taille verstecken.

Manche sehen sogar Dinge, die gar nicht wirklich da sind. Wie kommt es, dass uns unser Spiegelbild so wichtig ist?

Wahrscheinlich hast du selbst auch schon längst erlebt, dass unser Leben nicht immer nur Friede, Freude, Eierkuchen ist. Im Gegenteil, meistens ist es überhaupt nicht märchenhaft. Wir alle erleben Dinge, die fernab unserer Träume liegen.

Auch bei mir war das so. Es gab Situationen, die ich gerne anders erlebt hätte. Situationen, die schwierig, schmerzlich oder schambehaftet waren. Trotzdem haben sie mich zu der gemacht, die ich heute bin. Ich glaube tatsächlich, dass auch diese wenig erfreulichen Erlebnisse alle für irgendetwas gut waren.

In meiner Arbeit nutze ich gern Schmetterlinge als Symbol. Sie sind wunderschöne Geschöpfe. Ich glaube, dass wir alle – jede Frau – als wunderschöner Schmetterling durch unser Leben flattern dürfen. Nur erkennen wir uns eher in der hässlichen, dicken, wenig charmanten Raupe wieder, die durch den Dreck kriecht und denkt: „Ich bin überhaupt nicht schön und besonders", obwohl sie dazu bestimmt ist, ein prächtiger Schmetterling zu werden.

Die Geschichte des Schmetterlings

„Eines schönen Tages lief ein Spaziergänger durch den Park. Er blieb stehen und bestaunte die schönen Bäume am Wegesrand. Plötzlich wurde seine Aufmerksamkeit auf ein besonderes Ereignis gelenkt. An einem Zweig hing ein Kokon, der sich einen kleinen Spalt öffnete. Der Spaziergänger sah genauer hin und entdeckte, dass die Flügel eines Schmetterlings ein wenig aus der Öffnung hervorragten. Gebannt schaute er zu, wie der kleine Schmetterling versuchte, sich aus dem Spalt zu zwängen. Er erwartete, dass der Kokon jeden Moment aufspringen und der Schmetterling in voller Schönheit zum Vorschein kommen würde.

Doch das geschah nicht. Eigentlich schien es sogar, als käme der Schmetterling nicht mehr voran. Im Kokon war keine Bewegung mehr wahrnehmbar.

Der Spaziergänger überlegte und beschloss, dem Schmetterling auf die Sprünge zu helfen. Ganz vorsichtig erweiterte er den Spalt. So würde der Schmetterling viel leichter herauskriechen können, dachte er.

Der Spaziergänger schaute weiter zu, denn er erwartete, dass sich die Flügel in Kürze öffnen würden und größer und stabiler werden würden, sodass sie den Schmetterling tragen könnten. Aber es geschah nichts! Im Gegenteil: Der Schmetterling sah zerknittert und vertrocknet aus. Klein mit verschrumpelten Flügeln. Er war noch nicht ausgewachsen. Er konnte sich kaum bewegen und würde wohl niemals fliegen können.

Der Spaziergänger hatte es gut gemeint, als er dem Schmetterling helfen wollte, doch wusste er nicht, dass die kleine Öffnung im Kokon und die Mühen des Schmetterlings der natürliche Weg war, um

Feuchtigkeit aus dem Körper in die Flügel zu pressen, sodass er würde fliegen können, sobald er den Kokon verlassen hatte.

Manchmal brauchen wir ausgerechnet die Kämpfe in unserem Leben, um Stärke zu entwickeln. Ein Leben ohne Hindernisse macht uns weniger stark und nimmt uns die Chance, unsere Flügel auszubreiten. Doch ohne sie können wir niemals fliegen."

(Quelle unbekannt)

Ich finde, dass diese Geschichte eine sehr passende Metapher für unser Leben ist. Auch wir erleben verschiedene Phasen und entwickeln uns weiter. Manchmal dauert eine Phase länger, als wir es gerne hätten oder es scheint, als ginge es nicht voran. Wenn wir aber später zurückschauen, können wir manchmal sehen, dass auch unschöne Zeiten für etwas gut waren. Jemand, der keine Rückschläge erlebt, wird kein Durchhaltevermögen und keine Widerstandsfähigkeit entwickeln. Es geht darum, auch aus solchen Zeiten gestärkt hervorzugehen.

Auch ich habe Phasen durchlebt, die sich wie im Kokon anfühlten. In den ersten Jahren nach unserer Hochzeit hatte ich viel Heimweh, weil ich für meinen Mann Deutschland verlassen und in die Niederlande gezogen war. Als unsere Töchter klein waren, gab es so viele viel zu kurze Nächte und weil mein Mann arbeitsbedingt viel auf Reisen war, hatte ich sehr damit zu kämpfen. Es waren harte Zeiten, aber dennoch habe ich sie überstanden, und sie haben zu meiner Weiterentwicklung beigetragen. Damals hat es mir geholfen, dass ich mit lieben Freundinnen gesegnet war, aus einer gesunden Familie kam und mich nie wirklich allein fühlte. Ich spürte immer, dass Gott bei mir war.

Praktisch bedeutet das für mich, dass ich mit Gott lebe und ihn in alles – gute und schlechte Zeiten, Traurigkeit, Sorgen und meine Gedanken – mit einbeziehe. Dann formt er mich, stärkt mich, und so werden auch schwierige Zeiten letztendlich zu etwas Gutem führen (siehe Römer 8,28).

Wo stehst du im Moment? Fühlst du dich gerade wie in einem Kokon? Erlebst du eine schwierige Situation? Oder kommt dir dieses Gefühl aus deinem bisherigen Leben bekannt vor? Wie bist du damit umgegangen?

Gab es jemanden, der dich unterstützt hat, oder hast du aus deiner Erziehung ausreichend Ressourcen mitgenommen, um dich allein durchzuschlagen? Gab es jemanden, der dir zugehört, dich unterstützt und ermutigt hat, weiterzumachen?

Falls nicht, kann es gut sein, dass du regelmäßig oder immer mal wieder noch Schwierigkeiten mit diesen Erlebnissen hast. Bedrückende Erinnerungen, wiederkehrende Träume oder belastende Gefühle ... Das kann ein Hinweis darauf sein, dass du deine Erlebnisse noch nicht vollständig verarbeitet hast und dich ihnen noch einmal zuwenden musst, bevor du sie hinter dir lassen kannst.

Viele Frauen sind visuell veranlagt. Sie haben ein Auge für schöne Dinge und es fällt ihnen leicht, ihr Zuhause stilvoll und gemütlich einzurichten. (Natürlich gibt es auch viele Männer, die dieses Talent haben.) Und freuen wir uns nicht alle über schöne Sachen um uns herum? Ein neues Kissen auf dem Sofa, ein schöner Blumenstrauß auf dem Tisch oder ein angenehmer Duft im Raum? Ich habe auf jeden Fall große Freude daran.

Wie ich bereits erzählt habe: Meine schwarzen Lackschuhe aus Kindertagen sind mir im Gedächtnis geblieben. Aber in unserem Gedächtnis bleiben nicht nur die schönen, sondern auch die nicht so schönen Dinge hängen.

Denke einmal zurück: Vielleicht wurdest du in deinem Leben gemobbt, weil du eine schiefe Nase oder eine Brille hattest oder dicker als andere warst. Als Kind war ich immer stabil gebaut. Ich liebte alles Süße und hasste den Sportunterricht. Leider war ich auch nicht sonderlich flink, sodass ich immer zu den letzten gehörte, die in eine Mannschaft gewählt wurden.

Ein Satz meiner damaligen Klavierlehrerin hat sich bei mir eingebrannt. Sie selbst war auch eher korpulent, doch einmal begrüßte sie mich mit: „Hallo, mein Dickerchen!" Ich weiß nicht, ob sie es als Witz gemeint hatte, aber diese Worte trafen mich direkt ins Herz und sind lange dort hängengeblieben.

Außerdem hatte ich eine Mutter, die selbst mit ihren Pfunden kämpfte und immer mal wieder eine Diät ausprobierte, um ein paar Kilos zu verlieren. So kommt es, dass ich selbst auch – gefühlt – jede Diät, die es gibt, kenne oder ausprobiert habe. Ich habe ein Bücherregal voller Diätratgeber und natürlich ist der Jojo-Effekt alles andere als ein Unbekannter in meinem Leben. Als meine Mutter und ich uns einmal alte Fotos ansahen, stellten wir verrückterweise fest, dass unser Übergewicht gar nicht so dramatisch war, wie wir damals glaubten.

Vielleicht erkennst du dich in dieser Schilderung nur zu gut wieder? Aber die Frage ist: Warum ist es nur so schwierig, sich selbst so zu akzeptieren, wie „Frau" nun mal ist? Denn auch schlanke Frauen haben Probleme in ihrem Leben, weshalb sie ebenfalls glauben, nicht attraktiv oder besonders zu sein.

Wir vergleichen uns mit Models, Stars, Freundinnen, Kolleginnen und finden oft, dass wir weniger hübsch, schlau oder wichtig sind. Diese Gedanken beginnen sich langsam, aber sicher in unserem Denken festzusetzen und uns nicht mehr loszulassen.

Mache einer Frau neun Komplimente und kritisiere nur eine Sache. Genau an diese eine Sache wird sie sich am besten erinnern. Komisch, oder? Es scheint manchmal so, als wären wir auf negative Worte programmiert.

Blütezeit Tipp:

Erstelle eine Liste mit Komplimenten,
die du bekommen hast oder frage eine gute Freundin,
ob sie dir ein Kompliment machen kann. Schreibe es auf!

Welche Gedanken über dich selbst haben sich
bei dir eingebrannt?

Wann haben Worte dich verletzt?
Wie schaust du auf dich selbst?

Schönheit ist, wie
du dich innerlich
fühlst.
Schönheit spiegelt
sich in deinen
Augen wider.
Sie ist nichts
Körperliches.

KAPITEL 4

Ärger im Paradies

WIE ALLES BEGANN

Ich stehe auf einem fantastischen Berg in der Schweiz. Die Aussicht ist atemberaubend. Der Himmel ist strahlend blau und hebt die weißen Gipfel der Berge ringsumher noch stärker hervor. Weit unten im Tal sehe ich einen glitzernden Fluss, umringt von hügeligen Weinbergen und Kuhweiden. Hier oben auf mehr als 2000 Metern Höhe ist es ruhig. Es ist alles so wunderschön. Tiefe Dankbarkeit erfüllt mein Herz. Was für ein Privileg, hier stehen zu dürfen.

Im ersten Buch der Bibel (1. Mose oder Genesis) geht es um die Schöpfung. Eine großartige Geschichte, die unsere Fantasie anspricht. Voller Schönheit, Farben, Gerüche, Leben und Energie. Stell dir allein all die bunten Fische im Meer vor, die wir Menschen wohl niemals alle sehen werden. Das ist Gottes Schöpfung. Das ist das Paradies. Das und so viel mehr.

Lass uns gemeinsam Abschnitte dieser Geschichte lesen. Sie steht in 1. Mose 1. Ich zitiere hier aus der Übersetzung „Hoffnung für alle".

Zuerst erschuf Gott das Licht. Vers 4: *„Gott sah, dass es **gut** war."* Dann trennte er das Licht von der Dunkelheit und nannte das Licht Tag und die Dunkelheit Nacht. Gott fuhr fort und schuf eine Kuppel über dem Himmel. Er trennte das Wasser über und unter der Kuppel. Die Kuppel nannte er Himmel. Darunter formte er das Meer, in dem alles Wasser zusammenlief. Vers 10: *„Was er sah, gefiel ihm, denn es war **gut**.“*

Auf dem Land sollte es grün werden: Viele Pflanzen, die Samen hervorbringen und Bäume, die Früchte tragen, kamen zum Leben. Vers 12: *„Wieder sah er sich an, was er geschaffen hatte: Es war **gut**.“*

Dann schuf Gott die Sterne und den Himmel, den Mond für die Nacht und die Sonne für den Tag. Vers 18: *„Und Gott sah, dass es **gut** war.“*

Jetzt kamen die Tiere an die Reihe. Wassertiere, Landtiere und fliegende Tiere. Überall kreuchte und fleuchte es. Vers 21: *„Gott sah, dass es **gut** war.“* In Vers 25 lesen wir noch mal die gleichen Worte: *„Wieder sah er sich alles an, und es war **gut**.“*

Wie wunderschön muss das gewesen sein! Stell es dir einmal vor! In der Natur um uns herum können wir überall die Farben, die Vielfalt, die Ausgelassenheit und den Erfindergeist Gottes sehen. Überwältigend!

So viele Farben, so viele Tierarten, unglaublich. Gottes Schöpfung ist so reich, dass wir es gar nicht begreifen können. Und wenn Gott es sich betrachtet hat und es **schön** fand, dann denke ich, dass wir uns gar nicht vorstellen können, wie **schön** es tatsächlich war.

Doch dann kommt Gott zu dem Schluss, dass die überwältigende geniale Schöpfung noch nicht vollständig ist. Etwas Wichtiges fehlt noch. Vers 26: *„Jetzt wollen wir den Menschen machen, unser Ebenbild, das uns ähnlich ist. Er soll über die ganze Erde verfügen.“* Und Gott schuf den Menschen als sein Ebenbild. Er schuf ihn als Mann und als Frau.

In Vers 31 lesen wir dann diese Worte: *„Schließlich betrachtete Gott alles, was er geschaffen hatte, und es war **sehr gut**!“*

Fällt dir etwas auf? Es war nicht mehr einfach gut, jetzt war es sehr schön beziehungsweise sehr gut. Die Schöpfung des Menschen war die Krönung. Nach all den Farben, der Vielfalt, der Kreativität und des Erfindungsreichtums war die Schöpfung des Menschen Gottes Meisterwerk.

Der Mensch als Krone der Schöpfung

Wir sind als Menschen unglaublich schön erschaffen. Wir sind die Krone der Schöpfung. Erst als Gott den Menschen erschuf, war die Schöpfung vollendet!

Alles bestens – und so lebten sie noch lang und glücklich, könnte man denken. Es blieb kein Wunsch offen. Alles war perfekt. Paradies, Glück, Freude, Harmonie, Schönheit, Perfektion!

Doch dann geschah etwas, das alles veränderte. Bestimmt weißt du, wie die Geschichte weitergeht. Gottes Feind, der sich in Gestalt einer Schlange zeigte, dachte sich eine List aus, um diesen schönen Plan zu zerstören. Und jetzt, einige tausend Jahre später, erleben wir immer noch die Folgen dieses „Zwischenfalls". Die Absicht der Schlange war und ist es, uns zu zerstören. Sie will unsere Beziehung mit dem Schöpfer vernichten und versucht dies auf allerlei abscheuliche Weisen.

Sie findet ihren Weg in unsere Gedanken und beeinflusst uns. So denken wir Dinge wie „Ich bin nicht gut genug" oder „Ich bin nichts wert".

Genauso erging es auch Eva. Gott hatte Adam und Eva alle Freiheiten im Paradies gegeben. Nur von einem Baum sollten sie nicht essen. 1. Mose 2,16-17: *„Von allen Bäumen im Garten darfst du essen, nur nicht von dem Baum, der dich Gut und Böse erkennen lässt. Sobald du davon isst, musst du sterben!"*

Als Eva an diesem Baum vorbeikam und die leckeren Früchte sah, wurde sie von der Schlange verführt. 1. Mose 3,4-5: *„„Unsinn! Ihr werdet nicht sterben', widersprach die Schlange, denn Gott weiß: Wenn ihr davon esst, werden eure Augen geöffnet – ihr werdet sein wie Gott und wissen, was Gut und Böse ist."*

Mit dieser Lüge säte die Schlange Zweifel in Evas Gedanken. Eva ließ die Zweifel in ihrem Denken Wurzeln schlagen und tat genau das, was die Schlange beabsichtigte: Sie pflückte eine der Früchte vom Baum, aß davon und gab sie an Adam weiter. „Der Rest ist Geschichte" könnte man sagen. Ob du es glaubst oder nicht, aber heute ernten wir immer noch die Früchte dieser Saat, die damals gesät wurde.

Achte auf deine Gedanken,
denn deine Gedanken
werden deine Worte.
Achte auf deine Worte,
denn deine Worte werden
deine Taten.
Achte auf deine
Gewohnheiten,
denn deine Gewohnheiten
formen deinen Charakter.
Achte auf deinen Charakter,
denn dein Charakter
beeinflusst deine
Bestimmung.

Aus unseren Gedanken entstehen Taten. Wenn du glaubst, dass du nicht gut genug bist, dann wirst du dich letztendlich auch so verhalten, als wärst du ungenügend und entsprechend leben.

Der Gedanke, dass du nicht genug bist, führt dazu, dass du es dir angewöhnst, schlecht über dich zu denken. Das beeinflusst deinen Charakter. Wenn du dich minderwertig fühlst, bist du nicht so fröhlich und kannst in deinem Leben nicht vollständig aufblühen. Du wirst dich von deiner Unsicherheit zurückhalten lassen, weil du davon überzeugt bist, es nicht zu schaffen.

Erkennst du, wie solche Gedanken dein ganzes Leben beeinflussen können? Kommt dir das vielleicht sogar aus deinem eigenen Leben bekannt vor? Gibt es auch bei dir ähnliche Gedanken, die zu einer Veränderung geführt haben? Vielleicht fällt es dir schwer, das selbst zu erkennen, weil dein Denken von anderen beeinflusst wurde oder weil deine Gedanken in die Irre geführt wurden. Vielleicht bestimmen diese Gedanken schon dein ganzes Leben, sodass du sie gar nicht mehr bemerkst und dein Alltag auf Autopilot gestellt wurde.

Wie bereits erwähnt, ist die Schlange ein Symbol für den Satan. Er weiß genau, dass er dich vielleicht nicht von Gott wegziehen kann, aber er setzt alles in seiner Macht Stehende daran, damit du nicht die Frau wirst, die Gott sich vorgestellt hat.

Denn Gott will, dass du als Frau aufblühst, deinen Platz im Leben einnimmst und als „sehr schöne" Schöpfung durchs Leben gehst. Eine Frau, die mit Gott lebt. Mit einem Gott, der viel stärker als sein Feind ist, der dich angreift (siehe 1. Johannes 4,4).

In Jeremia 29,11 steht, dass Gott eine verheißungsvolle Zukunft für dich hat:

„Ich, der Herr, habe Frieden für euch im Sinn und will euch aus dem Leid befreien. Ich gebe euch wieder Zukunft und Hoffnung. Mein Wort gilt!"

Ein schönes Versprechen voller Leben, Glück und Frieden. Etwas, das sich jeder Mensch wünscht. Gott hat gute Absichten für dein Leben. Er hat nur das Beste mit dir vor. Wäre es nicht unglaublich schade, wenn du diesen Schatz nie entdecken würdest?

Mein Plan für dich steht fest. Ich verspreche dir eine *hoffnungsvolle* Zukunft.

GOTT

Außerdem gibt es noch einen weiteren Faktor, wenn es um unsere Gedanken geht: unsere Überzeugungen.

Eine Überzeugung ist eine Idee, die in unseren Gedanken entsteht und sich dort verankert.

Wir alle haben Überzeugungen. Über andere, über Situationen, aber auch über uns selbst. Nach dem dritten Lebensjahr beginnen Kinder langsam, Überzeugungen der Menschen aus ihrem Umfeld zu übernehmen. Die Worte von Bezugspersonen, die in unserem Leben wichtig sind, prägen wir uns in jungen Jahren ein und sie entwickeln sich zu Überzeugungen weiter. Als junge Menschen glauben wir, was unsere Eltern, Mentoren, Lehrer und andere Vorbilder über uns sagen. Wir wissen noch nicht immer, wie wir etwas verstehen sollen. So wie es mir mit dem Spruch meiner Klavierlehrerin erging.

Wir stellen Fragen an unsere Umwelt, erhalten Antworten durch Erfahrungen, die dann letztendlich zu Überzeugungen werden.

„Ich bin zu dick." Das habe ich zum Beispiel immer gedacht.

Wichtig zu wissen ist, dass Überzeugungen nicht nur unsere Vergangenheit widerspiegeln, sondern auch eine Vorlage für unser zukünftiges Handeln sind. Warum? Weil wir nach unseren Überzeugungen, die für uns zur „Wahrheit" geworden sind, leben. Nur stimmen diese Wahrheiten nicht immer mit der Realität überein. Wenn jeder in seiner eigenen Wahrheit lebt, dann verblasst die echte Wahrheit immer weiter.

Ich finde es befreiend, dass ich meine Wahrheit in einer Person gefunden habe: in Jesus, dem Sohn Gottes. Folgendes sagte er zu seinen Mitmenschen: *Ich bin der Weg, die Wahrheit und das Leben"* (Johannes 14,6).

Blütezeit Tipp:

Welche Überzeugungen über dich selbst und das
Leben hast du?
Sprich mit einer Freundin darüber und frage sie,
ob sie dich auch so sieht.

Wie überprüfst du deine Wahrheit?

Lasst uns gegenüber den Menschen, die uns glücklich machen, dankbar sein.

Sie sind die bezaubernden Gärtner, die unsere Seele zum *Blühen* bringen.

MARCEL PROUST

KAPITEL 5

Ich sehe was,
was du nicht siehst ...

IN DIR STECKT SO VIEL MEHR!

Wir sitzen im Auto auf dem Weg in den Urlaub und versuchen, unsere Kinder während der langen Fahrt etwas abzulenken. Unsere Lieblingslieder haben wir schon gesungen und auf ihre Bitte hin habe ich etwas über meine Kindheit in Deutschland erzählt. Und jetzt? „Sollen wir ‚Ich sehe was, was du nicht siehst' spielen?", fragt eine unserer Töchter. „Oh ja, ich fange an", sagt die nächste. „Ich sehe was, was du nicht siehst und das ist …". Wir haben Spaß zusammen und kommen unserem Ziel immer näher.

Spielen ist wichtig in unserem Leben. Genauso wichtig wie Lesen und Schreiben. Es formt uns. Es ist für die soziale, emotionale, intellektuelle und sprachliche Entwicklung von Kindern unersetzlich.

Ich selbst habe meine Kinder immer dazu ermutigt, Freunde und Freundinnen aus der Schule zum Spielen mitzubringen. Ich fand es selbst schön zu sehen, wie sie sich beschäftigten und welche Fantasiegeschichten sie sich ausdachten.

In meiner Kindheit habe ich viel mit meinen Schwestern gespielt. Eins unserer Lieblingsspiele war Verkleiden. Gib ein paar Mädchen einen großen Koffer mit Kleidung, Hüten, Tüchern und Ketten, und du hast eine Weile deine Ruhe. Erst verkleiden und dann in neue Rollen schlüpfen: reiche Damen, die zusammen ein Kaffeekränzchen halten. Herrlich! Wirklich ein ‚Mädchending'. Jungs spielen oft anders. Sie wollen Cowboy, Zorro oder Ritter sein – egal, Hauptsache irgendein Held, der seine Feinde bezwingt und die Burg einnimmt. Aber das ist ein anderes Thema.

Das alles hat viel mit der Entwicklung unserer Identität und unserer Sehnsucht, schön sein zu wollen, zu tun. Besonders sein und gesehen werden, ist ein angeborenes Bedürfnis. In ihrem Buch „Weißt du nicht, wie schön du bist?" schreibt Stacy Eldredge darüber, warum Mädchen sich verkleiden und von ihrer Zukunft träumen und warum das bei Jungs anders ist. Der Satz „Gott hat die Ewigkeit in unser Herz gelegt. Und die Sehnsucht, schön zu sein, finden wir auch dort", hat mich zutiefst berührt, als ich das Buch las. Daraus ergab sich für mich ein klareres Bild.

Tief in uns
schlummert die
Sehnsucht, schön
zu sein.

Für die meisten Mädchen schwingen beim Verkleiden immer auch folgende Fragen mit: Bin ich schön? Wer bin ich oder darf ich sein? Findest du mich schön?

Die gleichen Fragen hat auch eine erwachsene Frau. Vielleicht ist uns die Frage nach der passenden Kleidung auch deshalb so wichtig, wenn wir ausgehen oder eingeladen sind. Da kann es zur echten Krise werden, wenn unsere Kleidung mal wieder zu eng geworden ist oder nicht mehr ganz neu aussieht. Dann zweifeln wir, wechseln sechsmal unser Outfit und suchen Antworten auf diese Fragen. Bin ich schön? Darf ich so sein? Findet mich jemand besonders? Währenddessen haben wir ein Bild im Kopf, wie wir sein müssten. Vielleicht kennst du das Gefühl, wenn das Kleid nicht gut sitzt und du denkst: „Ich kann so nicht auf diese Feier gehen. So blamiere ich mich. Ich schäme mich. Wäre ich nur fünf Kilo leichter, dann wäre es was anderes. Wahrscheinlich werden mich alle anstarren.“

Was denkst du in solchen Momenten? Bist du froh, zufrieden und selbstbewusst, kennst du deine Qualitäten? Oder bist du deprimiert, glaubst, dass das mit dir ohnehin nichts wird, dass du nicht dazugehörst, dass es sowieso niemanden gibt, der dich besonders und attraktiv findet?

Vielleicht lebst du auch in einer anderen Lebensphase und hast mit den Jahren gelernt, dass dieses Wunschdenken über Schönheit relativ ist, weil es auf die inneren Werte ankommt. Doch diese Sehnsucht kennt kein Alter. In jungen Jahren ist nur die Bestätigung vielleicht noch etwas wichtiger.

Die Predigerin und Autorin Patsy Clairmont sagt: „Wir fänden es nicht so wichtig, was andere über uns denken, wenn wir begreifen würden, wie wenig Interesse sie tatsächlich an uns haben.“

Ein Spruch, der zum Nachdenken anregt. Ist es wichtig für dich, dass eine deiner Freundinnen stundenlang für ihr Make-up vor dem Spiegel steht? Findest du sie deshalb schöner, wertvoller oder netter? Warum denken wir über uns selbst oft umgekehrt? Wir vergleichen uns miteinander und wollen attraktiver, jünger und „besser" sein.

Wenn wir uns unsere Kinder ansehen, wie sie spielen und Spaß haben, dann sehen wir oft mehr als das Offensichtliche. Wir sehen eine Tochter, Schwester oder Nichte mit viel Empathie, jemanden, der gut zuhören kann oder andere zum Lachen bringt. Wir sehen einen Sohn, Bruder oder Enkel, der geduldig ist, treu zu seinen Freunden steht und ihnen hilft, wo nötig. Wir sehen mehr, als sie in dem Moment sehen können.

So ist es auch bei Gott. Ich glaube, dass er „Ich sehe was, was du nicht siehst" mit dir „spielen" will. Denn er sieht so vieles in dir. Mehr als du selbst erkennst. Und er möchte dir seine Sicht so gerne zeigen. Wenn du ihn kennst und hörst, was er dir sagen möchte, dann wirst du entdecken, dass Gott so viel mehr in dir sieht.

Soll ich ein paar Dinge nennen, bei denen ich mir sicher bin, dass Gott sie in dir sieht?

Er sagt: „Ich sehe, dass du ganz besonders bist. Ich sehe, dass du einzigartig und wertvoll bist. Ich sehe in dir jemanden, der die Welt verändern kann. Eine Frau, die mit ihren Talenten andere unterstützen kann. Eine Frau, die mit ihrem warmen Herzen Menschenleben berühren kann. Eine Frau, die jemandem in Not helfen und einen Unterschied machen kann. Ich sehe eine Prinzessin, eine Königstochter, meinen Augapfel, eine Perle."

Vielleicht hört sich das für dich sehr allgemein an oder nach einer Aussage, die er zu jedem Menschen sagen könnte. Ja stimmt, aber versuche doch mal, die Worte auf dich persönlich zu beziehen. Fange an, sie zu glauben und dann aktiv zu werden. Du wirst sehen, dass das eine wunderbare Entwicklung anstößt. Der Anfang neuen Wachstums und neuer Blüte in deinem Leben!

Du findest es bestimmt sehr schön, wenn deine Kinder und Liebsten bei dir sind, du eine harmonische Beziehung mit ihnen hast und du ihnen deine Liebe zeigst, die sie dir zurückgeben. Genauso genießt es Gott, wenn du nah bei ihm bist. Seine Liebe für dich ist viel größer als unsere menschliche Liebe.

Gott ist ein liebender Vater, der deine Zukunft kennt: Er wird bei allem an deiner Seite sein, so wie Eltern bei ihren Kindern. Er ist ein Vater, der unglaublich viel Potenzial in dir sieht. Erlaubst du ihm, dich zu begleiten, dich zu formen, zu unterrichten, damit du die Frau wirst, die er geschaffen hat? Bist du neugierig geworden, was du tun kannst, um dich zu einer kraftvollen und schönen Frau zu entwickeln?

Nimm dir Zeit, mit Gott „Ich sehe was, was du nicht siehst" zu spielen. Bitte ihn, dir zu erzählen, was er in dir sieht und arbeite daran, das auch zu glauben.

Findest du es schwierig zu glauben, dass es so einen Gott gibt? Ein unsichtbares Wesen? Vertiefe dich dann in die Geschichten von Jesus. Er ist der sichtbare GOTT. Wenn du Jesus kennst, dann kennst du auch Gott, den Vater.

Blütezeit Tipp:

Überlege, welches Spiel du magst und nimm dir
Zeit, es mit jemandem zu spielen.

Wie waren deine Kindheit und Jugend?
Hattest du die Gelegenheit zu spielen?

Wer hat dich in deinem Wunsch,
schön zu sein, bestätigt?

Bist du mit dir selbst zufrieden?
Schreibe deine Gefühle auf, und denke darüber nach.

Schönheit

beginnt, wenn du beschließt, du selbst zu sein.

COCO CHANEL

KAPITEL 6

Die große Veränderung

VON DER RAUPE ZUM SCHMETTERLING

2008 bereitete ich einen Frauenabend vor, den meine beiden Schwestern und ich in Amerika veranstalten wollten.

Meine Schwester Ulrike wohnt schon ca. 30 Jahre in den USA. Ihr Mann ist Amerikaner. Unser Plan war, dass meine Schwester Gabi (die in Deutschland lebt) und ich (die zu der Zeit schon in den Niederlanden wohnte), in die USA fliegen würden, um einander endlich mal wieder zu sehen. Sistertime! Während der Vorbereitungen hatten wir wieder viel mehr Kontakt miteinander als zuvor. Da wir drei recht weit auseinander wohnten, hatten wir uns mit der Zeit immer weniger gesprochen.

Sicher kennst du das auch, selbst wenn deine Geschwister nicht so weit weg leben: Jede hatte selbst genug zu tun, jede war mit ihrer eigenen Familie gut beschäftigt. Doch jetzt würden wir uns seit langer Zeit mal wieder sehen. Nur wir drei. Gabi, die älteste von uns, schrieb in einer E-Mail, dass sie davon träumte, all unsere Talente zu vereinen und sie für andere Frauen einzusetzen. Wir waren sofort Feuer und Flamme.

Und so entstand die Idee, einen Frauenabend zu organisieren. Ulrike wollte ihre Freundinnen einladen und sich um das Essen kümmern. Das ist ihr großes Talent. Gabi ist sehr kreativ und so schrieb sie ein Lied und bastelte hübsche Karten. Ich sollte etwas erzählen.

Mein Thema war unsere Sehnsucht, schön zu sein und die Schwierigkeiten, die das in unserem Leben mit sich bringt. Die Geschichte des Schmetterlings diente mir als passendes Gleichnis.

Raupe oder Schmetterling?

Der Schmetterling saß auf einer Blume und hörte die dicke braune Raupe unten am Boden mal wieder meckern: „Ich bin soooo hässlich. Ständig stecke ich im Dreck fest. Alles ist grau und braun! Du hast es gut, du hast ein schönes Leben! Dort, wo du sitzt, scheint die Sonne. Dort gibt es Licht und Farben. Du fliegst von Blume zu Blume und lebst in Freiheit."

„Oh nein, nicht schon wieder", dachte der Schmetterling zuerst. „Immer das gleiche Gemecker." Doch dann überlegte er und bekam Mitleid mit der Raupe. Denn schließlich war er selbst auch mal so wie sie gewesen ... .

Also rief er nach unten: „Deine Zukunft liegt in deiner Herkunft."

„Bitte, was sagst du?", rief die Raupe. „Deine Zukunft liegt in deiner Her-kunft", wiederholte der Schmetterling noch mal langsam. „Du stammst von einem Schmetterling ab, und eines Tages wirst du auch ein Schmetterling sein. Also Kopf hoch, nicht aufgeben. Wenn du glaubst, dass du immer eine Raupe bleiben wirst, dann wirst du faul und vergisst noch, einen Kokon zu bauen. Und dann wirst du bestimmt niemals ein Schmetterling."

Diese Worte brachten die Raupe ins Nachdenken und gaben ihr wieder einen kleinen Funken Hoffnung. Ganz langsam begann sie, sich wieder in Bewegung zu setzen. Sie gab ihr Bestes, arbeitete hart an ihrem Kokon, und letztendlich, nach einer Zeit der Gefangenschaft und einer Menge Geduld, brach sie in die neue Freiheit auf.

Eine unglaubliche Metamorphose hatte stattgefunden. Der dunkle Mantel des „Raupe-Seins" fiel von ihr ab, und das glänzende farbenfrohe Gewand eines Schmetterlings kam zum Vorschein.

Was so lange in ihr verborgen gewesen war, wurde endlich sichtbar. Sie streckte ihre Flügel aus, ließ sich von der Sonne wärmen und den Wind unter die Flügel wehen. Dann sprang sie voller Freude jubelnd in die Luft. Unterwegs mit einem heranwachsenden Wunsch: Dort – wo nötig – andere Raupen anzuspornen, an ihre wahre Bestimmung zu glauben und aktiv zu werden.

(frei nach: „Das Märchenbuch für Manager" von Jürgen Fuchs)

Diesen Ansporn brauchte die Raupe, um sich in Bewegung zu setzen. Sie verstand endlich, dass neues Leben erst nach einer Zeit der Besinnung, des Stillstandes und der Veränderung möglich war. Die dunkle Phase im Kokon.

Die Raupe wollte so gerne ein Schmetterling sein, denn dieser muss nicht durch den Staub kriechen. Nein, ein Schmetterling kann fliegen. Er ist frei und schön. Auch wenn die Raupe es nicht wusste, so war es dennoch genauso für sie vorherbestimmt, als sie geschaffen wurde.

Als Gott dich schuf, gab er dir Schönheit, Anmut, Freiheit, Weiblichkeit, Talente, Gaben, Liebe und so viel mehr. Du brauchst dich nicht für deine Sehnsucht nach schönen Dingen zu schämen. Für deinen Wunsch nach Romantik, Harmonie und Schönheit, denn all das sah er und sieht er immer noch, wenn er an dich denkt. Er selbst hat diesen Wunsch in dich gelegt.

Und weißt du, was an seiner Metamorphose, seinem Schönheitsplan noch schöner ist? Du bist genau wie der Schmetterling in der Lage, den Raupen dieser Welt in die Freiheit zu helfen.

Kennst du den Schmetterlingseffekt? Der Wissenschaftler Edward Lorenz entwickelte 1961 eine Theorie, die besagt, dass wenn ein kleiner Schmetterling an einem Ende der Erde mit seinen Flügeln schlägt, diese Bewegung am anderen Ende der Erde einen Tsunami auslösen kann.

Das ist ein interessanter Gedanke, den wir auf unser Leben anwenden können: Wenn du aktiv wirst, kannst du die Welt verändern. Was du tust, kann große Auswirkungen haben. Wenn du aufstehst und aufblühst, deine Talente und Qualitäten einsetzt, um wie der Schmetterling anderen Raupen die Freiheit zu zeigen, dann kannst du eine heilsame Bewegung in Gang setzen. Tu das zusammen mit Gott, und es wird einen unglaublichen Effekt auf dein Umfeld haben.

Ist das nicht ein großartiger Gedanke, dass du so viel für die Welt bedeuten kannst? Denke darum nie wieder, dass du klein, unbedeutend und unzulänglich bist. Denn das ist nicht wahr. Du musst deine Talente, die Gott dir gegeben hat, vielleicht einfach nur noch entdecken.

Der
Flügelschlag
eines
Schmetterlings
kann einen
Tsunami
auslösen.

Blütezeit Tipp:

Hast du schon mal mit einer
Freundin darüber geredet, worin sie deine besonderen
Begabungen und Talente sieht?
Vielleicht nehmen andere Menschen Dinge bei dir wahr, die du
selbst gar nicht bemerkst.
Da kann es helfen, sich darüber auszutauschen.

Teil 2

Akzeptanz & Veränderung

LÄCHELN IST IMMER IN *Mode!*

KAPITEL 7

Hilfe, was soll ich anziehen?!

WAS DIR WIRKLICH GUT STEHT

Ich freue mich über mein neues Kleid. Im Ausverkauf habe ich dieses Schnäppchen ergattert und bin gespannt, was mein Mann dazu sagt. „Nett", ist seine erste Reaktion. Nett?! Das klingt nicht gerade begeistert. Eigentlich hatte ich etwas anderes erwartet. Ich bitte ihn also, sich etwas genauer auszudrücken. „Also, wenn ich ehrlich bin, finde ich es nicht so vorteilhaft für dich." Ich muss erst mal schlucken. Meine Euphorie über meine neue Errungenschaft ist sofort passé. Ich räume das Kleid in den Schrank, und dort bleibt es auch erst mal. Meine Enttäuschung dagegen kann ich nicht so leicht wegräumen.

„What not to wear" war vor einigen Jahren der Titel einer Fernsehserie. Die englischen „Fashion-Gurus" Trinny und Susannah erzählten auf einfache Weise, wie man sich besser kleiden kann und welche Fehlgriffe viele Frauen machen. Regelmäßig waren auch Frauen als Gäste dort, die von den beiden Styling-Tipps bekamen.

Es war ein typisches Beauty-Programm, in dem „Expertinnen" anderen sagen, was sie tragen sollen, um besser auszusehen. Ich selbst fand das Endresultat nicht immer vorteilhaft, aber meine Meinung war ja auch nicht gefragt.

Trotzdem ist es gut, hin und wieder zu hören, was einem *nicht* steht. Hast du eine gute Freundin, die dir das ehrlich sagen darf? Bist du auch offen dafür? Auch gut gemeinte Kritik kann uns verletzen, und sie anzunehmen, ist gar nicht so leicht. Deshalb ist es manchmal hilfreich, zu einer professionellen Stilberatung zu gehen. Dort liegt der Fokus auf dem, was dir richtig gut steht. Über die Jahre habe ich viele Frauen in meinem Studio empfangen und erlebt, dass es oft die kleinen Dinge sind, die wir selbst nicht sehen, die aber eine positive Veränderung herbeiführen können.

Ob es nun um die richtige Kragenhöhe oder den passenden Ausschnitt geht. Oder welche Accessoires zu deiner Figur und deinem Lieblingsstil passen. Oder welche Kleidung deine Vorzüge in den Fokus rückt und von anderen Stellen ablenkt. Eine Stil- oder Farbberatung ist eine gute Investition in dich und dein Selbstvertrauen.

Das wirklich
Wichtige an einem
Kleid ist die Frau,
die es trägt.

Kleidung hat einen hohen Stellenwert in unserem Leben. Etwas Neues, über das wir uns freuen, lässt uns strahlen. Die Komplimente, die du für dein neues Kleid bekommst, tun gut. Mir selbst gefällt es, wenn ich in den Spiegel schaue und mit meinem Bild zufrieden bin oder andere mir Komplimente machen.

Über die Jahre habe ich aber gelernt, dass das wirklich Wichtige an einem Kleid die Frau ist, die es trägt.

Als ich vor Jahren eine schwere Zeit durchmachte und wenig Selbstvertrauen hatte, sagte eine gute Freundin zu mir, dass ich eine Frau sei, die in jedem Kleid aussieht wie eine Prinzessin. An dieses schöne Kompliment denke ich immer noch gerne zurück. Es ging nicht um ein spezielles Kleid, sondern um mich.

Kleidung ist nur die eine Seite der Medaille. Vielleicht wird unserer Kleidung viel zu viel Bedeutung zugemessen. Die Modeindustrie will uns natürlich einreden, dass wir jeden neuen Trend mitmachen müssen. Wenn du dieses oder jenes trägst, dann gehörst du in dieser Saison dazu. Ich muss zugeben, dass ich dafür auch empfänglich bin.

Doch letztendlich ist unsere Kleidung nur eine Hülle, denn es geht um die Person dahinter.

Womöglich kann es sein, dass du gerade *das* nicht zeigen möchtest: dich selbst. Darum benutzen wir Kleidung auch oft als Tarnung für etwas, was wir lieber verstecken möchten. Oder um ein Signal zu setzen, wo wir dazugehören wollen.

Wie oft habe ich versucht, mit einer weiten Bluse meinen Bauch zu verbergen. Du schämst dich für etwas und willst nicht, dass andere es auch sehen. Meistens passiert jedoch genau das Gegenteil und die

Bluse macht dich nur noch fülliger, als du eigentlich bist. Ehrlich gesagt lerne ich selbst auch immer noch dazu, was der passende Stil für mich ist. Trotzdem habe ich schon einiges gelernt. Es ist oft leichter, bei anderen zu sehen, was sie besser machen könnten, als bei sich selbst. Da kann so eine Fernsehsendung dann doch auch für den einen oder anderen Tipp hilfreich sein. Denn natürlich möchte auch ich gut gekleidet sein.

Lass uns noch mal zurück zum Anfang gehen. Adam und Eva brauchten keine Kleidung. Sie waren perfekt – einfach so. Erst, nachdem sie etwas Falsches getan hatten, erkannten sie, dass sie nackt waren und schämten sich dafür. Also suchten sie Feigenblätter, mit denen sie sich bedecken wollten. Kleidung wurde zu etwas, hinter dem sie sich versteckten.

Kleidung bekam immer mehr Bedeutung: Schutz gegen Kälte, Tarnung während der Jagd. Schutz im Kampf, Statussymbol, Ausdruck der Religion, des Reichtums oder der Gesinnung. Kleidung wurde ein Kommunikationsmittel, und das ist auch heute noch so.

Kennst du das Märchen „Des Kaisers neue Kleider" von Hans Christian Anderson? Es geht darin um einen sehr eitlen Kaiser, der nicht genug von neuen und teuren Kleidern bekommen konnte. Durch seine Kleidung fühlte er sich besonders und hielt sich für etwas Besseres. Eines Tages hörte er von zwei Schneidern, die anscheinend magische Kleidung herstellen konnten. Sie sei so kostbar, dass nur wenige Menschen sie sich leisten könnten. „Die muss ich haben", dachte der Kaiser und befahl den Schneidern zum Palast zu kommen. „Kein Preis ist zu hoch für mich, ich will das Schönste vom Schönen. Stellt ein besonderes und magisches Outfit für mich her", sagte er zu den Schneidern.

Die Schneider gingen schnell an die Arbeit und einige Tage später kamen sie in den Palast zurück, um dem Kaiser die neuen Kleider zu präsentieren. „Sie sind von einzigartiger Qualität, Hoheit. Sie sind magisch, weshalb sie nur von besonders schlauen Menschen gesehen werden können."

Der Kaiser stand vor seinem Spiegel, um sich in den neuen Kleidern zu bewundern. Doch er sah sich selbst nur in Unterwäsche. Er begriff, dass er anscheinend nicht schlau genug war, um die neuen Kleider zu sehen, aber das wollte er natürlich nicht zugeben. Sein Stolz war zu groß und deshalb sagte er: „Fantastisch! Ihr habt großartige Arbeit geleistet. So etwas hat noch nie jemand gesehen. Ich werde in einer Parade durch mein Land ziehen, sodass alle meine Untertanen sehen können, welch außergewöhnliche Kleidung ich mir leisten kann."

Die Untertanen hatten bereits von den neuen Kleidern und ihrer magischen Wirkung gehört. So jubelten sie dem Kaiser zu, der in Unterwäsche durch die Straßen seines Landes zog. Sie applaudierten und lobten seine neuen Kleider. Bis ein kleiner Junge in der Menge auf den Kaiser zeigte und rief: „Aber er hat doch gar nichts an!" Da lachten die Menschen, stimmten in den Ruf des Jungen ein und machten sich über den Kaiser lustig. Da endlich begriff der Kaiser, dass die Schneider ihn betrogen hatten. Diese waren mit ihrem Lohn aber schon über alle Berge.

Schade, dass der Kaiser keinen Vertrauten oder ehrlichen Freund um sich hatte, der ihm die Wahrheit sagte. Das hätte ihm diese Erniedrigung erspart.

Es ist manchmal schmerzhaft, aber trotzdem wertvoll, wenn jemand aus der Familie oder aus dem Freundeskreis sagt, was uns nicht steht.

Hast du eine Freundin, Schwester oder Mutter, die ihre Meinung zu deiner Kleidung sagen darf? Und wichtiger noch: Bist du offen dafür, dass dich jemand auf unpassende Kleidung im übertragenen Sinne hinweist? Jemand, der dir ehrlich sagt, dass deine kritische Haltung oder dein arroganter Blick dir nicht so gut stehen?

Kritik finden wir nie schön. Auch wenn die Person es gut meint. Sie kann uns trotzdem verletzen.

Eigentlich ist Kritik, oder besser gesagt *Feedback,* ein Geschenk. In ihrem Buch „Feedback ist ein Geschenk" schreiben Douglas Stone und Sheila Heen mehr darüber. Sie erklären, wie es kommt, dass wir Kritik oder Feedback oft als einen Angriff auf unsere Identität erleben, weshalb wir viele nützliche Erkenntnisse, die wir daraus ziehen könnten, verpassen, was unsere persönliche Weiterentwicklung verhindert.

Wir können aus der Kritik anderer viele Vorteile ziehen und damit an uns selbst arbeiten.

Ich erinnere mich noch gut an die Situation auf dem Schulhof, wenn ich meine Töchter dort abholte. Es gab einige Mütter, die dort zusammenstanden und lästerten. Über jeden hatten sie eine Meinung. Mir hat das nicht gefallen, weshalb ich nicht bei ihnen stehen wollte. Also wartete ich öfter allein. Manchmal war es mir unangenehm, aber trotzdem bin ich froh, mich so verhalten zu haben. Diese Art „Kleidung" wollte ich nicht tragen. Lästerei oder Neid bleibt an dir hängen und wächst mit der Zeit zu einem dicken, schweren Mantel heran. Ein Mantel, den du unbewusst immer wieder aufs Neue anziehst, der dir aber eigentlich überhaupt nicht steht.

Blütezeit Tipp:

Investiere in eine gute Basis:
Sitzen deine BHs angenehm und haben sie
die richtige Größe?
Viele Frauen tragen jahrelang die falsche BH-Größe.
Lass dich in einem guten Wäsche-Geschäft beraten.
Die richtige Unterwäsche macht dich direkt schlanker.

Gibt es eine Frau der du vertraust und die du einladen
könntest, um gemeinsam deinen Kleiderschrank auszumisten?

Wenn du damit fertig bist,
ist der zweite Teil mindestens genauso wichtig:
der innere Kleiderschrank.

Welche unpassende Kleidung hat sich über die
Jahre auf den Bügeln angesammelt?
Bist du bereit, auch diese rauszuwerfen?
Sprich mit einer Freundin darüber.

Mode ist, was uns angeboten wird. *Stil* ist, was wir davon wählen.

KAPITEL 8

Beeindruckender Style

KLEIDUNG, DIE UNTER DIE HAUT GEHT

Ich treffe sie regelmäßig vor der Schule: eine Mutter, die gut gepflegt und vorteilhaft gekleidet aussieht. Aber abgesehen von ihrem Kleidungsstil spricht mich noch etwas anderes an: ihre Haltung und ihr freundlicher Blick. Ich kenne sie nicht wirklich, aber wenn ich auf dem Schulhof in ihrer Nähe stehe, dann lächelt sie mich an. Ich sehe, dass sie keine teure Kleidung trägt. Dennoch strahlt sie etwas Besonderes aus. Eines Tages werde ich sie ansprechen und hoffe darauf, sie kennenzulernen. Ich möchte herausfinden, was es ist, das sie zum Strahlen bringt. Ob sie auch gläubig ist und von Gott zum Leuchten gebracht wurde? So möchte ich auch sein: anziehend, ansteckend, angenehm.

Kleide dich in Mitgefühl, Güte, Bescheidenheit, Sanftmut, Geduld ... und ganz viel Liebe (nach Kolosser 3,12b und 14).

Möchtest du durch dein Styling auffallen? Durch deine innere Haltung, die du „trägst"? Entscheide dich dann für diese Art der Kleidung. Dann werden die Leute gerne bei dir sein wollen. Denn du bist ansteckend und anziehend.

In den Versen aus dem Kolosserbrief geht es um sechs wundervolle Kleidungsstücke. Es ist ein wertvoller geistlicher Mode-Ratschlag für jeden: Mitgefühl, Güte, Bescheidenheit, Sanftmut, Geduld und Liebe.

Wenn wir uns häufiger damit kleiden würden, sähe die Welt heute ganz anders aus. Und wollen wir nicht alle eine Welt, in der diese Werte im Vordergrund stehen?

Heute ziehe
ich mal
wieder meinen
„Sanftmutsanzug"
an.

Mitgefühl ist Aufmerksamkeit für die Gefühle anderer. Kennst du jemanden, der dir das Gefühl gibt, wichtig zu sein? Sagt dir jemand, dass du es wert bist, dabei zu sein und es guttut, dir zuzuhören? Hast du einen Menschen, dem es wichtig ist, wie es dir geht?

Sei du selbst dieser Mensch für andere! Lebe auf diese Art und Weise und tue es bewusst! Es kostet etwas Mühe, aber so wirst du eine Frau mit gewinnender Ausstrahlung.

Güte. Überlege mal: Gibt es eine Person in deinem Leben, die Güte ausstrahlt? Vielleicht eine Oma oder Tante, eine Nachbarin oder Lehrerin? Jemand, der immer für dich da war. Jemand, zu dem du volles Vertrauen hast. Wenn du so jemanden kennst, bist du ein reicher Mensch.

Wie schön wäre es, wenn du für andere auch so eine Person wärst?

Bescheidenheit ist eine Zier. Ein bekanntes Sprichwort, das zeigt: Bescheiden zu sein, ziert dich wie ein Schmuckstück und macht dich schöner. Bescheidenheit ist die glitzernde Kette, die dein Outfit abrundet. Bescheidenheit lässt anderen den Vortritt, ehrt die oder den anderen und denkt an sie oder ihn. Eine Haltung, die in unserer Gesellschaft immer seltener zu finden ist und von der Prämisse „Ich zuerst!" verdrängt wird.

Kennst du eine Person, die nicht bescheiden ist? Wie fühlt sich ihr Verhalten für dich an? Wenn du mit bescheidenen Menschen zusammen bist, erhältst du Raum. Du darfst den besten Platz aussuchen, du darfst deine Bedürfnisse äußern. Das tut gut.

Wenn du selbst bescheiden bist, tust du anderen etwas Gutes. Und du wirst merken, dass diese Haltung dir innere Stärke verleiht.

Sanftmut. Die erste Person, die mir bei diesem Stichwort in den Sinn kommt, ist meine Mutter. Sanftmut ist eine ihrer herausragenden Eigenschaften. Ich habe sie nur selten ärgerlich erlebt. Sanftmut ist das Gegenteil von der sprichwörtlichen „kurzen Zündschnur", und sie ist sicher keine Schwäche. Sanftmut hat für mich viel mit Selbstbeherrschung zu tun.

Eine Eigenschaft, die ich gerne bei mir weiterentwickeln möchte.

Geduld. Eine großartige Eigenschaft. Normalerweise lernt man im Laufe seines Lebens, geduldig zu sein. Du brauchst Geduld, bis die ersten ermüdenden Jahre mit deinen Kindern vorbei sind. Geduld, bis die Teenager die Pubertät überstanden haben. Geduld mit deinem Partner, der oft anders reagiert, als du hoffst. Geduld mit Freunden, die sich immer wieder wegen der gleichen Probleme bei dir ausheulen. Geduld mit deinen Arbeitskollegen und so weiter und so fort. Geduld ist eine Tugend. Ich bin sehr gesegnet mit geduldigen Menschen in meinem Leben. Sie zeigen mir, wie Gott auf mich schaut: mit unermesslicher Geduld. Geduld zeugt von Liebe.

Liebe. Die Liebe macht das Outfit rund. Sie ist die Basis und die Abrundung deiner „inneren Garderobe" und sollte zu jeder Zeit getragen werden.

Wenn du diese Kleidungsstücke trägst, glänzt du auf dem Catwalk des Lebens! Wäre es nicht erstrebenswert, wenn andere über dich sagen würden: „Wow, schau dir mal diese schöne Frau an! Wie sie strahlt. So eine Schönheit!" Das wäre doch was, wenn man so über dich reden würde, oder? Wenn es möglich wäre, würde ich dir jetzt einen Link einfügen, wo du das komplette Outfit bestellen könntest. Nur leider funktioniert es so nicht. Dieses Outfit schaffst du dir nach und nach an. Bei manchen geht es schneller als bei anderen. Aber wenn du daran arbeitest, diese „Kleidungsstücke" häufiger anzuziehen, werden sie irgendwann deine tägliche Garderobe bereichern.

Auswählen aus Gottes Kleiderschrank

Wie anders sähe unsere Welt aus, wenn wir diese „Kleidung" tragen würden? Wenn du Mitgefühl „anziehst", werden deine Augen für die Not anderer geöffnet. Den Mantel der Güte tragen bedeutet, ehrlich und liebevoll zu leben.

Bescheidenheit stünde dir wunderbar! Denke an eine bescheidene Person. Wie schön ist es, wenn jemand nicht zuerst an sich, sondern an andere denkt.

Das Gleiche gilt für Sanftmut. Die Leute sind oft so schnell verärgert, weil sie mit sich, ihren Lebensumständen oder anderen Dingen unzufrieden sind. Ärger scheint eine vorherrschende Emotion geworden zu sein. Ärger über die Gesellschaft, den Chef, die Regierung.

Auch Geduld kommt meist viel zu kurz. Wir wollen nicht warten, sondern alles sofort haben. Also sollen unsere Online-Bestellungen nicht erst nach Tagen ankommen. Darauf stellen sich die Unternehmen ein.

Stell dir aber mal eine Person vor, die all diese inneren Kleidungsstücke trägt. Was für ein schöner Mensch muss das sein! So anziehend. Und wenn es dann noch mit Liebe abgerundet wird, die das „perfekte Band" ist: bezaubernd!

So möchte ich aussehen. So möchte ich sein. Ich möchte meine Kleidung aus „Gottes Kleiderschrank" aussuchen. Aber dafür muss ich erst meinen eigenen Kleiderschrank ausmisten: Ungeduld, Bosheit, Egoismus und noch viel mehr müssen raus. Ab damit in den Müll! Das tut gut, wenn es gelingt, uns von solchen Klamotten zu trennen. Du wirst sehen, dass auf diese Weise Platz in deinem Herzen, deinem Denken und deinen Gefühlen entsteht. Denn wenn andere deinen neuen Kleidungsstil sehen, werden sie darauf reagieren. „Du siehst aber schön aus!" Und das würden wir doch alle gern hören.

Blütezeit Tipp:

Nimm dir bewusst vor, der Frau hinter der Kasse im Supermarkt ein freundliches Lächeln zu schenken oder ihr ein Kompliment zu machen und achte auf ihre Reaktion.

Wie kannst du dich „kleiden", um einen bleibenden Eindruck zu hinterlassen? Wie möchtest du, dass andere über dich denken? Was kannst du tun, damit du so gesehen wirst?

FLOWER
Power

KAPITEL 9

Was hast du im Kleiderschrank?

ZEIT ZUM AUSMISTEN

„Hilfe, was soll ich anziehen?", ist mein erster Gedanke. Ich stehe vor meinem geöffneten Kleiderschrank, der ehrlicherweise fast überquillt und frage mich trotzdem: Was soll ich bloß anziehen? Bestimmt bin ich nicht die Einzige, der es so geht.

Der Grund für diese Frage ist ein spontanes Dinner. Mein Mann hat Geschäftspartner zu Gast, und unerwarteterweise sind auch Frauen dabei. Also ruft er mich mittags an und fragt, ob ich auch mitkommen möchte. „Ja, gerne", sage ich und schon denke ich: „Hilfe, was soll ich anziehen?"

Welches Outfit passt zum heutigen Anlass? Gehen wir in ein schickes Restaurant oder wird es eher leger? Mittlerweile sollte meine Kleidung auch unerwarteten Hitzewellen standhalten und meine überzähligen Pfunde kaschieren. So viele Ansprüche. Sobald ich etwas gefunden habe, verwerfe ich es wieder, weil die passenden Schuhe höchstens noch im Schaufenster eine Daseinsberechtigung haben. Ich kann in ihnen einfach nicht mehr laufen. So langsam bekomme ich Zustände. Mein Mann versteht mich natürlich nicht. Wie kann man bei einem überfüllten Kleiderschrank nichts anzuziehen haben? In seltenen Momenten wie diesen denke ich: „Ein Mann zu sein ist sooo viel einfacher." Spaß beiseite, ich bin wirklich gerne eine Frau.

Danke, Gott, dass ich eine Frau bin!

Letztendlich finde ich doch noch ein passendes Outfit. Es scheint nur fast, als ginge es nicht ohne den ganzen Stress davor.

Vielleicht wäre es hilfreich, wenn ich meinen Kleiderschrank mal wieder genauer unter die Lupe nehmen würde. Es gibt bestimmt einiges, was eigentlich wegkann. Aber, puh, ich finde es echt schwierig, mich von meinen Kleidern zu trennen, denn bestimmt kommt doch noch mal eine passende Gelegenheit, sie auszuführen.

Okay, ich habe manches zwar schon ein paar Jahre nicht mehr getragen, aber man kann ja nie wissen, oder? Und wenn man etwas weggibt, kommt sowieso kurz danach die Gelegenheit, genau dieses eine Kleid zu tragen, was jetzt natürlich im Secondhand-Laden liegt.

Hast du dir auch schon mal vorgenommen, deinen Kleiderschrank richtig aufzuräumen? Es ist schon schwierig, liebgewonnene Kleidungsstücke loszulassen, aber es kann auch guttun, mal ordentlich auszumisten. Denn erst, wenn du alte Dinge weggibst, entsteht Platz für etwas Neues.

Wie sieht es in deinem Kleiderschrank aus?

Hast du viele verschiedene Farben oder eher alles Ton in Ton? Warum ist das so? Wie suchst du deine Kleidung aus? Suchst du nach Dingen, die kaschieren oder auffallen?

Um solche Fragen näher zu betrachten, kann eine Mode- oder Farbberatung sehr hilfreich sein. Die Hilfe und Unterstützung einer Freundin kann dir aber auch auf den richtigen Weg helfen. Lade sie ein und setzt euch mit einer Tasse Kaffee vor deinen Kleiderschrank. Bitte sie, ehrlich zu sein und stelle dich selbst auch darauf ein. Ehrlichkeit tut manchmal weh, aber du hast ja selbst darum gebeten. Lass dich auf die

Erneuerung ein. Ich verspreche dir, dass es sich am Ende gut anfühlen wird. Du wirst stolz auf dich und erleichtert sein. Schön wäre es natürlich, wenn du die aussortierten Stücke an Bedürftige abgibst, zu den Altkleidern gibst oder in einem Secondhandgeschäft verkaufst.

Wenn du damit fertig bist, ist vielleicht die Zeit für deinen inneren Kleiderschrank gekommen. Auch dort verstecken sich im Laufe der Jahre viele unnütze und unbrauchbare Dinge. Was hast du in den Tiefen deines Schrankes versteckt? Alte Gewohnheiten und Überzeugungen, die du nicht ablegen willst, weil sie wie selbstverständlich zu deinem Leben dazugehören? Oder vielleicht Erinnerungen, die schmerzen?

Trotzdem ist es gerade gut, auch diese „Kleidungsstücke" genauer zu betrachten. Liegt Ärger im Regal? Hängt Enttäuschung oder Minderwertigkeit zwischen Unsicherheit und Scham? Bist du bereit, hier auch gründlich aufzuräumen? Dafür muss alles erst mal raus. Welche „Kleidung" hat ausgedient? Was hast du behalten, obwohl es dir nicht mehr passt? Was möchtest du abgeben, du weißt nur noch nicht, wie? Suche dir jemanden, der dir dabei Schritt für Schritt hilft. Sprich mit einer Person, der du vertraust. Vielleicht mit einer Freundin oder mit einer Expertin, wenn es dir lieber ist, diese tiefgehenden Themen mit jemandem zu besprechen, der von außen darauf schauen kann.

Du kannst auch selbst schon anfangen, indem du Hilfe in Gottes Wort suchst. Dort findest du sehr gute Anleitungen.

Ein Text, den ich sehr mag, steht in Jesaja 61. Dort geht es darum, dass die gute Botschaft, die Jesus verkündet, einen wesentlichen Unterschied im Leben der Menschen machen wird.

Jesaja 61,1b: *„Er hat mich gesandt, den Armen die frohe Botschaft zu bringen und die Verzweifelten zu trösten. Ich rufe Freiheit aus für* die Gefangenen, ihre Fesseln werden nun gelöst und die Kerkertüren geöffnet."

Und in Vers 3 steht: „ ... Statt der Trauergewänder gebe ich ihnen duftendes Öl, das sie erfreut. Ihre Mutlosigkeit will ich in Jubel verwandeln, der sie schmückt wie ein Festkleid.

Ein königlicher Tausch

Verstehst du, was hier steht? Menschen, die offen sind für die Botschaft der Befreiung (siehe Vers 1), die sich von Gott trösten lassen und seine Güte und Liebe empfangen, erleben das wirklich! Die Asche, Trauer und Verzweiflung ihres Lebens wird eingetauscht gegen eine Krone, festliche Kleider und Parfüm.

Ein Tausch, der unglaublich erscheint, und uns die tiefe Liebe Gottes zu uns Menschen zeigt. Etwas, das tatsächlich mit uns geschieht, wenn wir Gott in unser Leben lassen.

In Vers 10 lesen wir: „Ich freue mich über den Herrn und juble laut über meinen Gott! Denn er hat mir seine Rettung und Hilfe geschenkt. Er hat mich mit Gerechtigkeit bekleidet wie mit einem schützenden Mantel. Nun stehe ich da wie ein Bräutigam mit festlichem Turban, wie eine Braut im Hochzeitsschmuck."

Hier spricht jemand, der diese Erlösung und Veränderung erlebt hat. Jemand, der am eigenen Leib erfahren hat, wie es ist, Gottes Liebe und Güte zu erleben. Schmerz, Ablehnung, Traurigkeit und Mühe wird „ausgezogen" und stattdessen neue Kleidung angelegt, die dich zu einem neuen Menschen macht. Zu einer neuen Frau. Sie sorgt dafür, dass alle alten Klamotten wie Trauer und Schmerz weichen. So entsteht Raum für Neues.

Das geschieht, wenn du deinen inneren Kleiderschrank aufräumst und ihn mit neuer Kleidung bestückst. Stell sie dir mit allen Farben und Düften vor: das Kleid der Rettung und den Mantel des Heils. Es sind wunderschöne Kleidungsstücke.

Was für ein fantastischer Kleidertausch. Ein königlicher Kleidertausch. Ein Tausch, der viel tiefer geht als der normale Kleidungswechsel. Etwas, das dich zu einer anderen Person werden lässt. Etwas, das dir perfekt steht. Es ist die beste Modeberatung, die du jemals erhalten wirst, einfach unbezahlbar. Du wirst du selbst in deiner besten Version. Strahlend, kraftvoll, schön.

Unbezahlbare Modeberatung

Eins ist sicher: Wenn irgendjemand weiß, was dir steht, dann ist es Gott. Warum? Das steht in Psalm 139. Hier geht es um deinen Ursprung. Gott kennt dich durch und durch. Er weiß, was du denkst, noch bevor es dir selbst bewusst ist. Er weiß, was du brauchst und wonach du dich sehnst. Er ist immer da, vor dir und hinter dir, über, unter und neben dir.

Psalm 139,6: *„Dass du mich so genau kennst, übersteigt meinen Verstand; es ist mir zu hoch, ich kann es nicht begreifen!"*

Kannst du das begreifen? Ich nicht. Aber es tut so gut, das zu wissen. Lies auch die nächsten Verse mal in Ruhe durch. Dort stehen wirklich schöne Dinge. In den Versen 13 und 14 lesen wir dann Folgendes: *„Du hast mich mit meinem Innersten geschaffen, im Leib meiner Mutter hast du mich gebildet. Herr, ich danke dir dafür, dass du mich so wunderbar und einzigartig gemacht hast! Großartig ist alles, was du geschaffen hast."*

Du hast mich gebildet ... in einer englischen Übersetzung fand ich diese Worte: You fashioned me. Wow, das hat mir gefallen. So hatte ich den bekannten Psalm noch nie gesehen.

Endlich haben wir es schwarz auf weiß! Fashion ist Teil meiner DNA. Jetzt weiß ich auch, warum ich schöne Kleidung so sehr liebe 😊. Ein neues Kleid, sich schick machen für eine Feier – das ist Teil dessen, wie wir gemacht wurden.

Abstand nehmen von Kleidung, die dich belastet.

Und dann gibt es die Kleidungsstücke, die man nur schwer ausziehen kann. Zumindest bist du selbst davon überzeugt. Unversöhnlichkeit und mangelnde Vergebungsbereitschaft ist eins dieser Kleidungsstücke. Dafür brauchen wir schon fast ein Wundermittel.

Kennst du so ein Wundermittel oder etwas ähnliches? Vielleicht ein tolles Reinigungsprodukt oder eine neue App, die das Leben smarter macht. In unserer Welt werden uns so viele Dinge als Wundermittel angepriesen. Ein gutes Buch oder eine neue Diät. Meine Regale sind voll davon. Ich bin für solche Versprechungen leicht zu haben. Allerdings muss man auch bereit sein, sein Leben entsprechend umzustellen, sonst helfen die besten Ratgeber und Hilfsmittel nichts.

Ich glaube, dass Vergebung wie ein medizinisches Wundermittel wirkt. Aber Vergebung anzuwenden, ist manchmal so unglaublich schwer, weil wir unsere Gefühle in den Fokus rücken. Wurdest du verletzt, enttäuscht, betrogen, belogen oder – schlimmer noch – missbraucht? Das sind schreckliche Erlebnisse.

Wir alle erleben Schmerz. Wir werden von Freunden enttäuscht, finden heraus, dass andere über uns lästern, werden von Familienmitgliedern verletzt usw. Vielleicht ist dir das auch schon passiert. Es fühlt sich an wie Messerstiche in die Seele.

Dann ist die entscheidende Frage: Kannst du vergeben? Ich weiß, dass Vergebung ein sehr schwieriger, jahrelanger Prozess sein kann, je nachdem, was man erlebt hat. In jedem Fall aber wirkt Vergebung wie ein Wundermittel für deine Seele und deinen Körper. Es bedeutet, die letzten dunklen Ecken deines Kleiderschrankes zu reinigen, sodass

Luft und Licht dorthin gelangen. Es kostet Zeit, doch letztendlich wird es dich frei machen.

Wir leben in einer Gesellschaft, in der viele Menschen oft wütend und frustriert sind und nicht bereit zu vergeben, und in der nicht wenige über Jahre hinweg Medikamente nehmen, um ihre Symptome erträglich zu machen. Doch über die Ursache wird kaum gesprochen. Das ist so traurig. Wie viele Menschen mit körperlichen Beschwerden gibt es, deren Leiden eigentlich psychosomatischer Natur ist?

Vergebung könnte für viele der Schlüssel zu mehr Lebensqualität sein. Denn wenn du nicht vergibst, fängt dein Körper auf die eine oder andere Art an zu protestieren. In seinem Buch über „Tödliche Emotionen" schreibt der amerikanische Arzt Don Colbert ausführlich darüber. In seiner Praxis erlebt er immer wieder die eindeutige Verbindung zwischen körperlichen Beschwerden wie Bluthochdruck, Herz- und Gefäßerkrankungen, chronischen Schmerzen oder Rheuma und nicht verarbeiteten Emotionen. Ihm zufolge ist ein Zusammenhang möglich zwischen:

- Bluthochdruck und Feindschaft
- Rheuma und Selbsthass
- Herzerkrankungen und Angst
- Migräne und unterdrücktem Ärger ...

um nur einige Symptome und deren mögliche Ursachen zu nennen.

Vergebung bedeutet, einen Gefangenen freilassen – und dieser Gefangene bist du selbst.

WILKIN VAN DE KAMP

Wenn du nicht vergibst, bleibst du mit dem Täter verbunden. So, als gäbe es ein unsichtbares Band zwischen dem Täter und dir. Deshalb kannst du dich nicht von dieser Person lösen, obwohl du genau das gerne möchtest. Bis du die Entscheidung triffst zu vergeben. Bei dem einen geht es schnell, bei dem anderen ist es ein langer, schwerer Prozess.

Ich bin davon überzeugt, dass du Gott in diesem Prozess brauchst. Denn nur er kann dir auf diesem schwierigen Weg helfen. Er kann deiner Seele Heilung bringen, die so tief geht, dass du wirklich von deinen Erinnerungen, dem Schmerz und deinen Wunden befreit wirst. Doch das ist noch nicht alles: Er kann in dir etwas entstehen lassen, das den Schmerz der Vergangenheit in etwas Gutes umwandelt. Ja, wirklich! In Römer 8,28 steht: *„Wer Gott liebt, dem dient alles, was geschieht, zum Guten."* Das finde ich genial, ein gewaltiger Triumph!

Auch wenn es nicht fair ist, läuft die Person, die so viel Schlimmes verursacht hat, oft frei und fröhlich herum, während der Verletzte viele Jahre und manchmal das ganze Leben lang unter den Folgen leidet. Ich kenne Menschen, die an altem Schmerz festhalten, weil sie erst die Verurteilung derer, die ihnen wehgetan haben, sehen wollen oder darauf warten, dass diese Personen sich bei ihnen entschuldigen sollen. Doch so funktioniert Vergebung leider nicht.

Eine Frau, die ich gerne predigen höre, ist die Australierin Christine Caine. Schon mehrere Male war ich auf der dreitägigen Hillsong Colour Conference für Frauen in London, wo jedes Jahr 11.000 Frauen aus ganz Europa zusammenkamen. Dort habe ich sie predigen hören. Sie erzählte aus ihrem Leben. Christine war ein Findelkind, weshalb sie ihre Eltern nicht kennt. In ihrer Jugend hat sie in vielen verschiedenen Familien gelebt und wurde monatelang missbraucht. Glücklicherweise kam sie letztendlich in eine liebevolle Familie. Mittlerweile ist sie 54

Jahre alt, Mutter zweier Töchter und glücklich verheiratet. Sie ist die Gründerin der A21 Campaign, einer Non-Profit-Organisation, die Menschenhandel aufspüren und beenden möchte (www.a21.org).

Christine berichtete offen über ihr Leben und sagte, dass sie keine Probleme mehr wegen des Missbrauchs habe. „Ich lasse doch die Monate des Missbrauchs nicht alle Jahre meines Lebens bestimmen." Eine starke Entscheidung und kraftvolle Worte.

Wenn du Gott in diesen Prozess einbeziehst, dann übernimmt er deinen „Fall" als gerechter Richter. Das hat er versprochen, und das sind gute Neuigkeiten. So weißt du, dass Gott die Sache übernehmen und mit dem Täter abrechnen wird, wenn du die Person loslässt.

Es ist also deine Aufgabe, das Recht auf Vergeltung in Gottes Hände zu legen. Er wird gerecht richten. Es fängt aber mit deiner Entscheidung, vergeben zu wollen, an. Du musst also nicht warten, bis dir dein Gefühl sagt: „Jetzt kann ich vergeben."

Es ist wichtig, dass du damit nicht allein bleibst. Suche dir jemanden, der dich unterstützen kann. Jemand, dem du vertraust. Sprecht darüber und betet. Vielleicht hilft es dir auch, Absprachen zu treffen. Aber natürlich kann es auch nötig sein, nach professioneller Hilfe zu suchen.

Was denkst du darüber? Räume deine alten Gefühle auf und ziehe jeden Morgen aufs Neue den Mantel der Vergebung an. Dann wird irgendwann der Moment kommen, in dem du merkst: Ich bin frei!

Auf geht's, miste deinen Kleiderschrank ordentlich aus. Du schaffst das!

Blütezeit Tipp:

Suche dir eine Freundin, die gern bereit ist,
mit dir deinen Kleiderschrank aufzuräumen.
Bitte sie um ihre ehrliche Meinung zu deiner Kleidung.
Alles, was noch gut ist, du aber nicht mehr brauchst,
bringst du zu einem Secondhand-Laden oder
spendest es einer Wohltätigkeitsorganisation.

Gibt es Menschen in deinem Leben, die dich verletzt haben?
Wie geht es dir heute damit?
Bist du bereit zu vergeben – auch wenn du keine
Entschuldigung erhältst?
Denk darüber nach, wie es sich anfühlen würde,
wenn du die schlimme Erinnerung loslassen und wieder
ganz frei leben könntest.

Das attraktivste Kleidungsstück, das eine Frau tragen kann, ist ihr *Selbstvertrauen.*

KAPITEL 10

Diamonds are a girl's best friend

WAS LIEGT IN DEINER SCHATZTRUHE?

„Hat einer von euch meinen Ring gesehen?", frage ich meine Familie während des Abendessens. „Ich habe schon überall gesucht, aber kann ihn einfach nicht finden." Nein, keiner hat ihn gesehen. Ich bekomme Panik. Hoffentlich habe ich ihn nicht wirklich verloren. Auch wenn es kein teurer Ring war, mag ich ihn sehr gern. Für mich ist er wertvoll, und es wäre schlimm, wenn er nicht mehr zu finden wäre. Glücklicherweise taucht er später doch wieder auf.

Am 15. November 2018 wurde im luxuriösen Auktionshaus Sotheby's ein Perlenanhänger versteigert. Die gebotene Summe betrug 28,1 Millionen Euro. Vor 200 Jahren etwa war dieser Anhänger in der Schatztruhe der adeligen Familie Bourbon Parma gelandet. Vorher hatte er der französischen Königin Marie Antoinette gehört. Also ein Schmuckstück mit langer Geschichte.

Kannst du dir das vorstellen? Nur, weil der Schmuck vor langer Zeit von Marie Antoinette getragen worden war, wurde er für diese unfassbare Summe verkauft. Warum wurde er nach so langer Zeit versteigert? Wurde er die ganzen Jahre über getragen oder lag er gut verschlossen im Safe? Welchen Wert hat etwas, das (fast) nie getragen wird und jahrhundertelang irgendwo rumliegt? Und wer oder was macht einen Gegenstand eigentlich wertvoll?

Was ist der Wert von etwas, das jahrelang irgendwo aufbewahrt wird, ohne gebraucht zu werden?

Etwas, das wirklich wertvoll ist, ist unser Planet. Das wird uns Menschen in der letzten Zeit immer bewusster.

Wir haben schon gelesen, dass Gott alles sehr gut fand, als er den Tag und die Nacht, die Sonne und den Mond, das Wasser, die Berge, die Wälder und Tiere erschuf. Über all das stellte er den Menschen, die Krone der Schöpfung. Atemberaubende Schönheit finden wir auf der ganzen Welt. Von der Wüste bis zu den Alpen, vom Regenwald bis in die Toskana. Oder schau dir einen blühenden Baum im Frühling an. Eine Rose, die langsam ihre Knospen öffnet und ihren wunderbaren Duft verströmt. Reinste Schönheit.

Es gibt viele Menschen, die nicht glauben, dass die Welt erschaffen wurde. Sie glauben, dass diese Erde von selbst entstanden ist. Aber kann es ein Zufall sein, dass ein zarter Schmetterling aus einer hässlichen Raupe entsteht oder ein Delfin ein Hochleistungsradar besitzt, mit dem er seine Beute findet? Und ganz zufällig ist auch noch ein Weibchen seiner Art entstanden, das er braucht, um sich fortzupflanzen?

Alles, was zufällig entstanden ist, verliert seine Kostbarkeit.

Die Wissenschaft kann nur nachweisen, dass es eine unfassbare Vielzahl an Lebewesen gibt, aber nicht, wie diese zufällig entstanden sein könnten. Letztendlich ist Leben nur in Verbindung mit dem Schöpfer zu erklären.

Wenn ich Kunden in einer Farbberatung betreue, erkläre ich ihnen immer, dass alle Tiere und Pflanzen eine natürliche Farbharmonie besitzen, was wissenschaftlich bewiesen ist. Das kann sich nur ein Schöpfer ausgedacht haben, dessen Verstand den menschlichen weit übersteigt. Du bist kein Zufall. Du bist gewollt.

Zurück zur Schöpfung in ihren Anfangstagen. Sie war fantastisch. Einfach perfekt! Dann machte Gott den Menschen. In Gottes Augen sind Menschen die Krone der Schöpfung. Er wollte uns, er hat dich ganz bewusst gemacht. Er gab dem Menschen eine sehr wichtige Aufgabe: Sorge für alles, was ich gemacht habe. Sorge für diese Erde und sei fruchtbar.

Kennst du jemanden, der einen gut gepflegten Garten hat? Einen Garten, der ordentlich aussieht, und in dem alles prächtig wächst und blüht? Davor habe ich Respekt. Man sieht die Zeit, Liebe und Pflege, die darin steckt. Es ist nicht durch Zufall so schön geworden, sondern durch viel Geduld und Leidenschaft.

Gott wollte, dass wir Zeit und Liebe in die Pflege der Erde stecken. Doch das hat nicht so ganz funktioniert. Der Mensch fing an, sich immer mehr um sich selbst und seine Bedürfnisse zu drehen. Wenn wir uns umschauen, sehen wir eine Erde, die es schwer hat: Umweltverschmutzung, die krank macht; Klimaveränderungen, die problematisch sind; Unmengen an Abfall, die irgendwie bewältigt werden müssen.

„Diamonds are a girl's best friend." Das sang Marilyn Monroe 1949. Das Lied handelt davon, dass Schönheit und Charme vergänglich sind, aber wenn frau ein paar Diamanten besitzt, kann sie ihre Miete bezahlen und gut leben. Es geht also um Werte.

„Ein Kuss ist schön, aber Diamanten sind besser." Marilyn Monroe ist als Sexsymbol und Stil-Ikone in die Geschichte eingegangen. Sie wurde für ihr Äußeres bewundert. Aber soweit bekannt ist, hatte sie keine erfüllten und beglückenden Beziehungen. Dreimal war sie verheiratet, doch alle Ehen dauerten nur wenige Jahre. Man weiß, dass sie mit vielen einflussreichen Leuten zu tun hatte, sich aber immer nach echter Liebe sehnte und ihr Leben einsam und viel zu früh endete. Aller Reichtum und Ruhm konnten ihr kein glückliches und erfülltes Leben bieten. Auch ihre Diamanten waren wohl doch keine echten Freunde.

Du kannst noch so viele Reichtümer horten, am Ende deines Lebens werden sie nicht so viel wert sein wie die Zeit, die du mit deinen Lieben verbracht hast oder was du anderen in Not Gutes getan hast.

Was ist im Leben wirklich wichtig und hat echten Wert? Der wahre Wert wird oft erst dann sichtbar, wenn er verloren geht. Selbst mit millionenschwerem Schmuck kann man keine neue Erde kaufen. Die positiven „Fußabdrücke", die wir hinterlassen, sind also viel kostbarer. Denn alles Sichtbare verschwindet irgendwann und ist vergänglich. Das Unsichtbare aber bleibt.

Im Laufe der Jahre wird mir immer bewusster, dass die echten Schätze jene Dinge sind, die mir niemand nehmen kann: die Menschen in meinem Leben, die Beziehungen und meine Erinnerungen. Sie sind Gold wert. Die Momente, als meine Töchter klein waren, ihre ersten Wörter sprachen und wackeligen Schritte wagten. Meine eigenen Kindheitserinnerungen. Diese kostbaren Juwelen liegen in meiner Schatztruhe.

Gott möchte dir etwas geben, das viel kostbarer ist als Gold.

Dein Wert.

Du bist unendlich viel wert. Eine wie dich gibt es nicht noch einmal auf dieser Welt. Nicht mal, wenn du einen Zwilling hast. Auch dann gibt es viele Unterschiede zwischen euch. Deine persönliche, mit deinen Talenten gefüllte Schatztruhe ist, was du dieser Welt geben und wie du sie verändern kannst. Vielleicht im Kleinen, aber denke an den Schmetterlingseffekt. Wenn du entdeckst und weißt, wer du bist, dann erhältst du eine wunderbare Ausstrahlung. Etwas, das andere anzieht.

Deine Werte.

„Güte und Wahrheit mögen dich nicht verlassen; binde sie um deinen Hals, schreibe sie auf die Tafel deines Herzens" (Sprüche 3,3). In einer anderen Übersetzung heißt es*: „An Güte und Treue soll es dir niemals fehlen. Trage sie wie eine Kette um deinen Hals, ja, schreibe sie dir tief in dein Herz!"* Weise Worte des Königs Salomo aus dem Buch Sprüche. Hier geht es um die Werte einer Person. Wie Menschen miteinander in allerlei Verhältnissen und Situationen umgehen. Es geht um gute Manieren, Ehrlichkeit und Vertrauenswürdigkeit im Geschäftlichen und die richtige Lebenseinstellung. Bei all dem stehen Bescheidenheit, Milde, Geduld und fürsorgliches Verhalten ganz weit oben. Wenn du so lebst, kommt das nicht nur dir selbst, sondern auch den Menschen um dich herum zugute. Das verstehe ich unter dem Sammeln unvergänglicher Schätze in meiner Schatztruhe. Ein guter Rat. Wenn du so lebst, wissen die Menschen in deiner Umgebung, dass sie dir vertrauen können und schätzen dich wert.

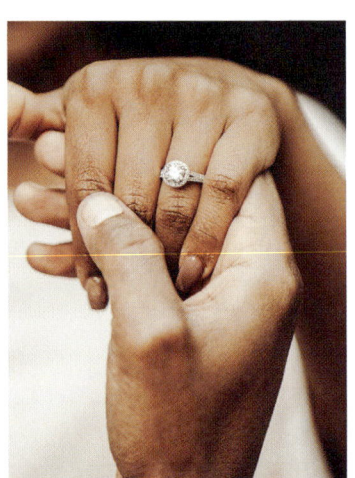

Blütezeit Tipp:

Hast du den einen oder anderen Modeschmuck und möchtest,
dass die Steinchen nicht verloren gehen?
Schütze sie dann mit einer Lage durchsichtigem Nagellack.
Wiederhole es ab und zu.

Wie sieht deine innere Schatztruhe aus?

Wie kannst du Schätze mit bleibendem Wert sammeln?

Eine kraftvolle Frau ist stark und *anziehend* schön.

KAPITEL 11
Die perfekte Hausfrau
LEBEN MIT HAND UND HERZ

Im Sportverein habe ich eine nette Frau kennengelernt. Sie ist ungefähr in meinem Alter. Heute Morgen haben wir nach dem Sportkurs noch etwas gequatscht. Sie erzählte, dass sie drei Tage die Woche in einem Betrieb in der Verwaltung arbeitet, einen Mann und zwei Söhne hat. Außerdem geht sie gern mit ihrem Hund spazieren. Jeden Freitag macht sie den Haushalt bei ihrer kranken Mutter und bringt ihr auch etwas selbst Gekochtes zu essen mit. Ich glaube, dass sie sich auch noch ehrenamtlich engagiert, aber alles habe ich mir nicht gemerkt. Vielleicht, weil ich mich schuldig fühle, weil ich selbst oft so erschöpft bin. Ich seufze und denke, dass ich mich noch mehr anstrengen sollte.

Du kennst sie bestimmt auch. Frauen, deren Haus immer ordentlich ist, die gerne putzen und gut organisiert sind. Jederzeit kann unangekündigter Besuch kommen und es sieht top aus ... Ups, vielleicht bist du ja sogar so eine Frau? Kompliment!

Wegen der Arbeit meines Mannes sind wir vor Jahren in den Süden der Niederlande umgezogen. Unser Haus musste erst noch gebaut werden, sodass wir für einige Zeit in einem kleinen Reihenhaus in einem völlig fremden Dorf wohnten. Melissa, unsere älteste Tochter, war ungefähr eineinhalb Jahre alt und mein Mann war den Tag über sehr beschäftigt. Meine Aufgabe war es also, unser neues Zuhause herzurichten und die Gegend kennenzulernen. Ich hatte nie Angst davor, irgendwo neu anzufangen. Auch neue Leute kennenzulernen, fand ich immer schön.

Dort in diesem Dorf wohnten wir neben einer Familie mit drei fröhlichen Kindern, mit denen unsere Tochter gern spielte. Bald schon lud mich die Mutter der Familie auf einen Kaffee bei ihr ein. Diese niederländische Offenheit liebe ich!

Ich weiß noch, dass ich völlig überrascht war, als ich in ihrem Wohnzimmer stand und der ganze Boden mit unterschiedlichstem Spielzeug bedeckt war. Auch der Wohnzimmertisch war voll mit Bastelsachen und noch mehr Spielzeug. Was ich bewundernswert fand, war, dass meine Nachbarin sich nicht für „das Chaos" entschuldigte, sondern einfach die Sachen an die Seite schob, sodass auf dem Tisch genug Platz für zwei Tassen Kaffee war. Die Selbstverständlichkeit, mit der sie mich eingeladen hatte und einfach sie selbst war, beeindruckte mich. Aufgrund ihrer Spontaneität fühlte ich mich wirklich willkommen, was mir sehr guttat. Aus diesem Treffen entstand eine Freundschaft, und obwohl unsere erste Begegnung schon viele Jahre zurückliegt und wir schon lange woanders wohnen, sehen wir uns ab und zu immer noch.

Ich mag es, wenn mein Haus aufgeräumt ist. Es gefällt mir, wenn alles ordentlich aussieht. Trotzdem erinnere ich mich nur zu gut, wie viel Energie es mich manchmal gekostet hat, Ordnung zu schaffen. Vor allem, als unsere Kinder noch klein waren und sie den ganzen Tag im Haus spielten. Für meinen Mann ist ein ordentliches Haus noch wichtiger als für mich, sodass ich mir immer Mühe gab, bevor er nach Hause kam, alles aufgeräumt zu haben. Ich finde es nicht schlimm aufzuräumen oder zu putzen, aber es gibt bestimmt hundert Sachen, die ich genauso gerne oder noch lieber tue. Ich sehe in mir keine „perfekte Hausfrau".

Über die Jahre habe ich mich viel mit anderen Frauen verglichen, bei denen alles ordentlich an seinem Platz stand. Ich fand, dass ich in der Rangordnung der ‚perfekten Hausfrauen' doch einige Plätze unter der durchschnittlichen Mutter einzuordnen bin. Ich hatte regelmäßig das Gefühl, dass ich mich noch mehr anstrengen müsste.

Vorbilder sind wichtig und auch in der Bibel gibt es verschiedene Vorbilder. Eins davon ist „die Frau ohne Namen" aus Sprüche 31. Der Text über sie ist mit „Loblied auf eine gute Frau" betitelt. Ahnst du es auch schon? Wenn man diese Verse gelesen hat, kann man eigentlich gar nicht anders, als daran zu zweifeln, ob man selbst jemals eine „gute Frau" sein wird. Ich spiele einfach nicht in ihrer Liga. Sie ist immer beschäftigt und benötigt scheinbar keinen Schlaf. Ich dagegen kann ohne meine sechs bis sieben Stunden am nächsten Tag kaum aufstehen.

Diese Frau allerdings scheint unermüdlich und ständig in Bewegung zu sein. Sie ist Geschäftsfrau und Führungskraft. Gleichzeitig ist sie kreativ, designt und produziert ihre Waren selbst. Wie schafft sie das alles? Keine Ahnung. Doch damit noch nicht genug. Sie kümmert sich um die Armen und hat Zeit, ihr Haus mit selbst gewebten Stoffen zu verschönern. Sie ist nicht gestresst, sondern hat immerzu gute Laune und sieht blendend aus. Alles tut sie mit Hingabe und Leidenschaft. Kurz gesagt, sie ist die perfekte Frau. Ihr Mann und ihre Kinder sind stolz und loben sie. Hmm, ich glaube so jemanden gibt es gar nicht, kann das sein?

Die Geschichte über diese Frau kenne ich schon sehr lange. Ehrlich gesagt, habe ich sie fast schon gehasst. Sie ist einfach zu perfekt. Doch als ich mich näher mit der Aufzählung ihrer positiven Eigenschaften beschäftigte, bemerkte ich auf einmal Dinge, die mir vorher nicht aufgefallen waren.

Der Schlüssel ist, *wie* sie ihre Arbeit tut und nicht, *was* sie tut! Sie ist eine Frau, die ihr Herz und ihre Hände gebraucht. Sie ist voller Kraft. Sie umarmt ihre Situation und macht daraus das Beste. Sie ist ehrlich, liebevoll, geduldig und würdevoll. So eine Frau ist sehr stark und atemberaubend schön.

Sie ist ehrlich bei der Sache, gibt ihr Bestes, ist kreativ und fürsorglich. Ihre Worte sind wohlüberlegt, sie ist gastfreundlich und höflich. Das sind Eigenschaften, die ich auch besitze. So gesehen bekommt die Geschichte eine andere Dimension für mich.

Eine alte Geschichte erhält eine neue Dimension.

Zwischen den Zeilen lesen wir, dass sie viel mit ihren Händen arbeitet. Hände, die kochen, versorgen, verhandeln, arbeiten, nähen. Hände, die sich zu den Bedürftigen ausstrecken, Hände, die einkleiden. Auch meine Hände waren unermüdlich damit beschäftigt, meine Kinder festzuhalten, sie in den Schlaf zu wiegen, zu streicheln, zu wickeln, zu füttern, Einkäufe zu tragen, Kleidung zu waschen, Essen zu kochen und zu backen. Meine Hände haben meine Töchter – als sie klein waren – festgehalten, sie haben ihre Näschen geputzt und Haare gekämmt. (Letzteres stundenlang, als alle drei mit ihren langen Haaren einmal Kopfläuse hatten.) Ich war bewusst und gewollt Hausfrau und Mutter.

Mittlerweile habe ich ein ganz anderes Bild der „perfekten Hausfrau". Ich bin dankbar, dass ich die Chance hatte, meine Hände für viele gute und wichtige Aufgaben zu gebrauchen. Gleichzeitig tue ich die Dinge auch von Herzen.

Also, wenn du genauso wie ich das Gefühl hast, nicht in die Kategorie „perfekte Hausfrau" zu passen, denke dann erst an dein Herz und deine Hände. Dein Herz, deine Einstellung, mit der du durch das Leben gehst und das Alltägliche verrichtest. Wie sieht es damit aus?

Schaue dann auf deine Hände. Überlege mal, was deine Hände schon alles geleistet haben! Festhalten, lieben, streicheln, anziehen, waschen, kochen ... Die Liste wäre zu lang, wenn du alles aufschreiben wolltest.

Vielleicht bist du selbst (noch) keine Mutter, trotzdem kannst du das Prinzip anwenden: auf deine Eltern, Freunde, Nachbarn und Kollegen.

Du kannst dich dafür entscheiden, dein Herz und deine Hände bewusster für die guten Dinge im Leben einzusetzen.

Wenn du deine Stärke gefunden hast, bist du auch eine Frau, die anziehend und wunderschön ist. Dann bist du **du** selbst. Das ist das Beste, was du werden kannst!

Blütezeit Tipp:

Keine Zeit oder Lust, zum Sport zu gehen?
Mache eine Trainingseinheit aus deinem Putzprogramm,
indem du es so schnell und gründlich wie möglich absolvierst.
Das wird ein super Workout.
Staubsaugen verbraucht zum Beispiel 119 Kalorien und
Fenster putzen sogar 153.
Mit deiner Lieblingsmusik macht es dir sogar noch Spaß.

Schaue dir deine Hände an.
Wofür benutzt du sie?
Sind es Hände, die Frieden stiften, füttern und versorgen?
Wenn nicht, dann entscheide dich dafür,
deine Hände künftig für Verbindung
und Wiederherstellung einzusetzen.

Teil 3

Identität & Bestimmung

Sie strahlt *Kraft* und Würde aus, und sie lacht und hat keine Angst vor dem kommenden Tag.

SPRÜCHE 31,25; NLB

KAPITEL 12

Kostbare Tochter

EINE GESCHICHTE ÜBER TIEFE LIEBE

Panisch renne ich durch das Modegeschäft Richtung Ausgang. Nein, das darf nicht wahr sein. Schnell schaue ich mich draußen um. Sie ist nicht zu sehen. Ich laufe wieder zurück und rufe den Kassiererinnen zu: „Haben Sie ein kleines, ungefähr vier Jahre altes Mädchen in einer roten Jacke gesehen? Nein?" Ich laufe wieder nach hinten, wo ich vorhin stand. „Melissa, wo bist du?", rufe ich immer wieder. Mein Herz klopft mir bis zum Hals. Nach ein paar, für mich – gefühlt – unendlich langen Minuten sehe ich, wie sie ganz ruhig hinter ein paar Kleiderständern hervorkommt. Ich bin so erleichtert. Während sie nur ein bisschen tagträumte, durchlebte ich einen Albtraum.

Ich bin mit drei tollen Töchtern gesegnet. Mutter zu werden, war schon immer mein Traum. Der Moment nach der Geburt, wenn man diese kleine perfekte Schöpfung in den Armen hält, ist unbeschreiblich und allen Schmerz und alle Mühen der vergangenen neun Monate wert.

Doch dann fängt das große Abenteuer erst richtig an. Ab dem ersten Tag lernst du dich selbst mehr und mehr kennen. Durch Schlafmangel bist du manchmal gar nicht mehr so nett, anziehend und liebenswert wie noch vor der Geburt. Und langsam, aber sicher, musst du lernen loszulassen. Die eigenen Kinder sind kein Besitz. Sie wurden dir gegeben, damit du sie erziehst und begleitest und sie mit deiner Lebenserfahrung zu gesunden Menschen heranwachsen, die eines Tages auf eigenen Beinen stehen können.

Unsere Töchter sind recht unterschiedlich, aber jede auf ihre Weise besonders. Wenn ich darüber nachdenke, wer sie sind und welche wunderbaren Erinnerungen wir gemeinsam haben, macht mich das glücklich. Ich bin dankbar, so viel Zeit gehabt zu haben, um mit ihnen zu kuscheln, für sie zu sorgen und für sie da zu sein.

Ich bin weit entfernt davon, eine perfekte Mutter zu sein. Das dachtest du dir wahrscheinlich schon. Ich hätte wohl strenger sein sollen, als meine Kinder keine Lust mehr hatten, im Sportverein zu bleiben und des Öfteren wird mir gesagt, dass ich zu nachsichtig sei. Wenn ich zurückblicke, hätte ich sicher einige Dinge anders oder besser machen können. Doch was ich sicher weiß, ist, dass ich meinen Töchtern in ihren ersten so wichtigen Lebensjahren viel Liebe und Fürsorge gegeben habe.

Meine eigene Mutter war immer mein Vorbild. Sie war immer für uns da, und so wollte ich auch für meine Kinder da sein. Dazu kam, dass mein Mann oft geschäftlich unterwegs war. Für unsere Töchter wünschten wir uns eine ruhige und sichere häusliche Basis. Mit viel Hingabe bin ich also zu Hause geblieben und habe es nie bereut. Mein Mann und ich streiten nie ernsthaft. Wir haben höchstens Meinungsverschiedenheiten, die wir dann ausdiskutieren. Die meisten dieser Diskussionen hatten wir wegen unserer Töchter. Denn was sie anging, waren wir öfter mal verschiedener Meinung. Mein Herz stand für sie einfach immer weit offen. Wie hätte es auch anders sein können, nachdem ich sie auf die Welt gebracht habe?

Natürlich habe ich mich auch mal beschwert oder geseufzt, weil die Nächte zu kurz waren oder mein Leben vollkommen von den Kindern bestimmt wurde. Doch im Wesen bin ich eine Löwenmutter. Ich würde kämpfen, wenn meine Kleinen in Gefahr wären. Wenn du Mutter wirst, wird in dir eine Löwin geboren. Eine, die für ihre Kinder kämpft. Gott ist genauso. In der Bibel steht, dass Gott eine Mutter und ein Vater für uns sein möchte.

Vielleicht hast du keine Töchter oder keine Kinder. Doch eins ist sicher: Du bist die Tochter von jemandem. Auch wenn deine Mutter sich nicht so um dich bemüht hat, bist du dennoch die geliebte Tochter des allerhöchsten Gottes. Wiederhole ich mich? Klar, denn diese Tatsache kann man niemals oft genug hören. Gerade in Bereichen unseres Lebens, in denen wir versagt haben, verwundet wurden oder verwahrlost sind, brauchen wir den sich wiederholenden Liebesruf Gottes, der uns wie Vater und Mutter liebt. Gott selbst verbildlicht das, wenn er von sich als Henne spricht, die ihre Küken unter ihren großen sicheren Flügeln versteckt.

Gottes Lockruf

In der Bibel gibt es das Buch Hohelied. Dort geht es um die Liebe. Lieben und geliebt werden. Der berühmte König Salomo schrieb dieses Buch. Er war ein weiser Mann, der viele Lieder dichtete.

Im Buch Hohelied findet man einen wunderbaren Vergleich für Gottes Liebe zu dir. Ich sagte bereits, dass seine Liebe so groß ist, dass er seinen kostbarsten Besitz für dich opferte. Das ist für uns unbegreiflich. Lies nun die folgenden Verse und stelle dir vor, dass Gott selbst sie zu dir sagt:

„Steh auf, meine Freundin, meine Schöne und komm! Die Regenzeit liegt hinter uns, der Winter ist vorbei! Die Blumen beginnen zu blühen, die Vögel zwitschern und überall im Land hört man die Turteltaube gurren. Die ersten Feigen werden reif, die Reben blühen und

verströmen ihren Duft. Steh auf, meine Freundin, meine Schöne, und komm! Versteck dich nicht wie eine Taube im Felsspalt, bleib mir nicht fern! Zeig mir dein schönes Gesicht und lass mich deine wunderbare Stimme hören!"

Hohelied 2,10-14

Riechst du die Liebe und den Frühling, der mit diesen Worten aufsteigt? Ein neuer Anfang, ein neuer Start? Vielleicht kannst du nicht glauben, dass jemand so liebevoll zu dir spricht. Doch genau das tut Gott. Er erklärt dir seine Liebe, und danach ruft er dich in die Freiheit. Vielleicht hockst du schon lange versteckt in einer „Felsspalte". Oder du versteckst dich in dir selbst hinter einer Maske, weil du glaubst, überhaupt nicht besonders und schön zu sein.

Gott lädt dich ein, aus dem Dunkel heraus ins Licht zu treten. So kannst du sehen, dass der Winter vorbei ist und ein neuer Frühling für dich anbricht. In voller Blüte … Voller Leben und Farbe, Vogelgezwitscher und neuer Früchte. Blüh auf, mein Herz!

Der Winter ist *vorüber*, ein neuer Frühling beginnt.

Stell dir vor, wie Gott zu dir spricht: „Komm, Liebste, hab keine Angst. Nimm meine Hand, ich halte dich fest und gehe mit dir. Und wenn du dann in die Freiheit eingetaucht bist, es zu dir durchgedrungen ist, dass eine neue Zeit in deinem Leben angebrochen ist, dann rufe es heraus. Rufe laut vor Freude, Erleichterung und Glück."

In diesem Lockruf sehe ich etwas, das jede Frau benötigt: Akzeptanz, gesehen werden, geliebt werden, Freiheit.

Gott hat das Weibliche in uns gelegt. Er hat uns Frauen mit einzigartigen Eigenschaften gemacht.

Ich liebe schöne Dinge. Wenn ich ein paar Freundinnen zum Geburtstagskaffee oder zum Essen einlade, decke ich den Tisch immer außergewöhnlich mit farblich abgestimmten Blumen, Kerzen und Häppchen. Alles muss harmonieren und dazu einladen, es zu genießen. An einem meiner Geburtstage sagte eine Freundin, dass sie noch nie so eine leckere Suppe gegessen hätte. Ich kenne sie gut genug, um zu wissen, dass sie das ehrlich meinte. Solche Momente genieße ich in vollen Zügen. Gemeinsam mit anderen Frauen Zeit in einer harmonischen Atmosphäre zu verbringen, ist für mich ein Stückchen Himmel.

Wenn ich in ein Geschäft komme, in dem es duftet, die Produkte ansprechend dekoriert wurden und die Verkäuferinnen freundlich, aber nicht aufdringlich sind, schaue ich mich gerne länger um. Ich folge dem Duft oder frage danach und komme ins Gespräch. Den Frauen, die zu mir zur Beratung kommen, möchte ich auch so ein schönes Erlebnis bieten und ihnen Aufmerksamkeit schenken.

Außerdem liebe ich es, meinen Besuch mit einem frischen Strauß Blumen auf dem Tisch zu empfangen. Das macht mich glücklich und meine Besucher und Freundinnen auch.

Während einer meiner Geburtstage waren wir mit guten Freunden im Urlaub. Für den Geburtstagsmorgen hatten sich meine Freundinnen eine Überraschung ausgedacht. In der ganzen Ferienwohnung hatten sie Post-its verteilt, auf die sie Worte über mich geschrieben hatten: Fürsorglich, gastfreundlich, mitfühlend, durchsetzungsfähig, leidenschaftlich etc. Insgesamt waren es ca. 90 Notizzettel! Die Überraschung glückte absolut. Ich hatte nichts geahnt, obwohl ich für Überraschungen einen siebten Sinn habe. So viel Liebe und Aufmerksamkeit taten mir unglaublich gut. Nach dem Urlaub schrieb ich alle Worte zu Hause in mein Tagebuch. Diese Liebe und Originalität meiner Freundinnen berührt mich immer noch. Ich fühlte mich besonders und geliebt.

Eins ist sicher: Frauen haben einen festen Platz in Gottes Herzen. Du bist sein „Liebling", seine kostbare Tochter. Er hat sich dich ausgedacht und dich mit endlos vielen wunderbaren Eigenschaften geschaffen. Eine Frau, die ihre Weiblichkeit umarmt, ist ansprechend. Doch eine Frau, die weiß, wer sie ist und ihre Talente gebraucht, kann die Welt verändern. Kennst du all die großartigen weiblichen Eigenschaften? Erkennst du darin einen Teil von dir? Vielleicht (noch) nicht.

Lass mich dir ein bisschen dabei helfen. Natürlich sind wir nicht alle gleich und haben verschiedene Eigenschaften, aber ich denke, dass in uns allen mehr steckt, als wir selbst glauben. Also aufgepasst, hier geht es auch um dich!

Entdecke deine bezaubernden weiblichen Eigenschaften in einem Ermutigungs-Alphabet:

Angenehm, anziehend, anmutig, ausgeglichen, aufgeschlossen, aufmerksam | **B**ehutsam, bescheiden, beeindruckend, beschützend, befreiend, barmherzig, bestätigend | **C**harmant, charismatisch, couragiert, clever | **D**urchsetzungsfähig, durchhaltend, demütig, dienend, diszipliniert | **E**hrlich, energievoll, enthusiastisch, eifrig, einnehmend, einfühlsam, einladend, erfinderisch, erfolgreich | **F**lexibel, flink, feinfühlig, fit, fantasievoll, freundlich, fleißig, fürsorglich, friedfertig | **G**eistreich, gemeinschaftlich, gemütlich, gefühlvoll, gastfreundlich, gesellig, geschickt | **H**ilfsbereit, heiter, herzlich, harmonisch | **I**ntelligent, intuitiv, instinktiv, idealistisch | **K**reativ, kooperativ, klug, kräftig, kämpferisch | **L**ernwillig, loyal, lernbegierig, leitend, liebenswert, liebevoll, Leben schenkend, leidenschaftlich | **M**itfühlend, mutig, mütterlich, menschlich | **N**achgiebig, naturverbunden, nahbar, nachdenklich | **O**ffen, originell, ordentlich, organisiert | **P**ünktlich, personenbezogen, präzise | **R**uhig, Rat gebend, relevant, rechtschaffen, romantisch, redselig | **S**chön, scharfsinnig, strahlend, schlau, sozial, sportlich, standfest, sensibel, schöpferisch, sentimental, selbstständig, selbstbewusst, selbstsicher, sanft, sanftmütig, sinnlich | **T**atkräftig, teamfähig, temperamentvoll, treu | **U**nternehmungslustig, unvergleichlich, unverwechselbar, unterstützend, umsichtig | **V**ielseitig, vortrefflich, versorgend, vertrauenswürdig, verletzlich | **W**itzig, warmherzig, wohlwollend, wortgewandt, würdevoll | **Z**ielstrebig, zugänglich, zufrieden, zärtlich

Anmerkung: Ich sage damit nicht, dass Männer diese Eigenschaften nicht auch haben, aber – sorry, Männer – hier geht es jetzt gerade mal nur um Frauen. Und für dich, liebe Leserin: Ich glaube, dass diese Liste noch lange nicht vollständig ist. Also kannst du sie gerne erweitern.

Blütezeit Tipp:

Plane einen richtigen Frauenabend und nutze all deine
Kreativität und Liebe.
Achte darauf, was das mit deinen Gästen macht.
Sie werden es sicher genießen.

Schreibe auf, welche Eigenschaften du in dir
selbst wiedererkennst.
Bitte deine Freundinnen, z. B. beim Kaffeetrinken,
Eigenschaften von dir aufzuschreiben.
Oder lass Zettel herumgehen mit dem Namen jeder Freundin
darauf, und lass alle etwas aufschreiben.
Sprecht darüber.
Erkennst du dich wieder?
Was macht das mit dir?
Erzählt, was ihr aneinander wertschätzt.
Worte können sehr heilsam wirken.

Unterstreiche im Ermutigungs-Alphabet die Eigenschaften,
in denen du dich selbst wiederentdeckst.

Lass Liebe und *Treue* dich nie verlassen. Binde sie um deinen Hals, schreibe sie auf die *Tafel* deines Herzens.

KAPITEL 13

Bräutigam sucht Braut

WIE LAUTET DEINE ANTWORT?

Heimlich wische ich vor Rührung eine Träne weg. Ich bin auf der Hochzeit einer guten Freundin. Das Brautpaar hat sich gerade ein sehr persönliches und liebevolles Eheversprechen gegeben und jetzt kommt das Ja-Wort. Sie sind ein wunderbares Paar und haben sich sehr auf diesen Tag gefreut. Ich freue mich, dass ich Teil dieses besonderen Moments sein darf und dass meine Freundin so glücklich ist.

Kennst du die Datingshow „Bauer sucht Frau"? Ich finde es immer wieder rührend zu sehen, wie die oft etwas unbeholfenen Landwirte auf die Suche nach ihrer Traumfrau gehen – mit Hindernissen und Glücksmomenten und langsam entstehender Liebe. Besonders der menschliche Aspekt berührt mich immer wieder. Erst die Hoffnung, ob sich jemand meldet und dann das Glück, wenn es funktioniert, oder aber die tiefe Traurigkeit, wenn es doch nicht passt. Es ist bewegend zu sehen, wie jede und jeder letztendlich auf der Suche nach einem Partner fürs Leben ist.

Meinen Mann lernte ich während eines Urlaubs kennen. Eigentlich war ich gar nicht auf Partnersuche. Doch dann passierte es einfach. Ein Jahr später haben wir geheiratet. Eine schöne Hochzeit war schon immer mein Traum. Schon als Mädchen träumte ich davon und bin sehr dankbar, dass ich eine große traditionelle Hochzeit feiern durfte.

In der Bibel erzählt Jesus auch eine Geschichte von einer Hochzeit. Es geht darum, dass ein Bräutigam seine Braut abholt. Zu lesen ist sie in Matthäus 25,1-13.

Eine Gruppe Frauen ist zum Fest eingeladen und bereitet sich auf die Ankunft des Bräutigams vor. Wann genau er kommt, wissen sie nicht. Nur, dass es nicht mehr allzu lang dauern kann.

Ich stelle mir die Erwartung und Betriebsamkeit vor. Aufregend! Nicht mehr lange und dann ist er da. Dann werde ich abgeholt und wir feiern ein Fest. Erst aber noch ein paar Vorbereitungen treffen. Die Haare, das Kleid, das Make-up. Wenn etwas fehlt, bricht Panik aus, weil alles pünktlich fertig sein muss.

In der biblischen Geschichte von den Frauen braucht der Bräutigam länger als erwartet. Er hat scheinbar Verspätung, sodass die eine Hälfte der Frauen einschläft, während die andere Hälfte sich wachhält, um seine Ankunft und den Beginn des Festes auf keinen Fall zu verpassen. Die schlafenden Frauen merken nicht, dass ihre Laternen langsam ausgehen. Ihr Öl ist aufgebraucht. Dann plötzlich kommt ein Bote. Er ruft: „Der Bräutigam kommt! Er ist am Horizont zu sehen, jetzt dauert es nicht mehr lang. Macht euch bereit!"

„Was, echt? Oh, okay. Alle wach werden!" Schnell die Kleider glattstreichen und ein letzter Blick in den Spiegel. „Endlich, ich kann es kaum erwarten, ihn zu sehen! Darauf haben wir so lange gewartet!"

Die Frauen springen auf, suchen ihre Sachen zusammen und ziehen dem Bräutigam entgegen. Doch dann bemerken diejenigen, die eingeschlafen waren, dass ihre Laternen nicht mehr brennen. „Gebt uns etwas von eurem Öl!", rufen sie der anderen Gruppe zu. Doch das geht nicht, es gibt nicht genügend Öl für alle. Also müssen die Frauen zurücklaufen, um welches zu holen. Sie müssen sich beeilen, sonst verpassen sie die Ankunft des Bräutigams. Und dann, als sie endlich am Festsaal angekommen sind, ist die Tür schon verschlossen. Das Fest hat ohne sie begonnen. „Wie kann das sein? Lasst uns rein! Wir sind doch Hochzeitsgäste und wollen mitfeiern."

Und dann lesen wir hier diese Worte:

„Aber der Bräutigam antwortete: ‚Was wollt ihr denn? Ich kenne euch nicht!'"

Ganz schön hart. Sie waren doch nur ein bisschen zu spät, aber tja, Chance vertan. Unglaublich, oder? Warum erzählt Jesus das? Was bedeutet diese Geschichte? Vor einigen Jahren habe ich eine Erklärung dazu gehört, die mich wirklich beeindruckte: Das Öl ist ein Symbol für Beziehungen. Eine tiefe Beziehung ist eine intime Beziehung. Intimität kann man nicht teilen. Es ist etwas nur zwischen dir und einem anderen. Die Intimität in einer Ehe sollte auch nicht geteilt werden, denn sonst geht sie zu Bruch.

Das Öl (Intimität) konnte nicht geteilt werden. Es war etwas, das jede für sich selbst sammeln musste. Doch ohne das Öl, ohne die tiefe Beziehung zum Bräutigam, konnte man nicht dabei sein. Logisch, in eine Beziehung muss man investieren. Wenn jemand Unbekanntes bei dir klingelt und sagt: „Lass mich rein, ich bin jetzt dein Partner", dann machst du ihm bestimmt sofort die Tür vor der Nase zu. Erst einmal muss man sich kennenlernen. Eine Beziehung muss wachsen und von zwei Seiten aufgebaut werden.

Heutzutage haben wir Hunderte Freunde auf Facebook oder Instagram, aber das sind keine echten Beziehungen. Für eine gute Beziehung muss man Zeit miteinander verbringen. Einander kennenlernen, vertrauen, füreinander da sein. Als Menschen sind wir für Beziehungen geschaffen, denn sonst vereinsamen wir und zerbrechen innerlich. Eine gute Beziehung ist immer zweiseitig.

Gott hat alles getan, um zu zeigen, dass er eine Beziehung zu dir möchte. Er musste Adam und Eva aus dem Paradies verbannen, weil sie gesündigt hatten, denn die Sünde trennte sie von ihm. Aber Gott hatte von Anfang an einen wunderbaren Plan, um diese Trennung wieder aufzuheben. Einen Plan, der seine große Liebe für uns Menschen verdeutlicht. Er hat seinen eigenen Sohn als Mensch auf die Erde geschickt, um den Menschen zu erzählen, dass sie wieder eine Beziehung zu Gott, dem Vater, aufbauen können. Wie? Indem sie sich Jesus anvertrauen, seinen Worten glauben und ihre Schuld auf ihn abwälzen. So ist der Weg zu Gott wieder frei zugänglich geworden.

Gott hat dich schon lange auserwählt. Jesus opferte sich für dich, er starb, damit du uneingeschränkt leben kannst, damit du aufblühst. Doch das geschieht erst, wenn du auf seinen Beziehungswunsch eingehst. Jetzt bist du also an der Reihe.

Der Bräutigam kommt auch zu dir, also sorge dafür, dass deine *Lampe* brennt.

DAS GLEICHNIS FINDEST DU IN
MATTHÄUS 25,1-13

Blütezeit Tipp:

Was kannst du tun,
damit deine „Laterne" weiter brennt?
Lies die Geschichte aus Matthäus 25,1-13 noch mal
und denke darüber nach.

GIB DEINE *Träume* NIEMALS AUF!

KAPITEL 14

Zwischen Tüll und Tränen

AUF DER SUCHE NACH
DEM PERFEKTEN KLEID

Wir waren noch nicht lange verlobt, als ich auf die Suche nach einem Brautkleid ging. Ich konnte einfach nicht länger warten. Jahrelang hatte ich von diesem Moment geträumt. Gemeinsam mit meiner Schwester zog ich los und fand bald etwas Besonderes. Ich wollte etwas Außergewöhnliches. Etwas, das ich bei meinen Freundinnen noch nicht gesehen hatte. Die Vorfreude auf unseren großen Tag und das Tragen des Kleides stieg mehr und mehr.

Man könnte sagen, dass ich ein bisschen süchtig bin. Süchtig nach der Fernsehshow „Zwischen Tüll und Tränen". Ich könnte sie ununterbrochen den ganzen Tag anschauen. Es geht darum, dass Bräute begleitet werden, die gemeinsam mit Mutter, Schwiegermutter, Schwestern und Freundinnen ihr Brautkleid suchen. Ich liebe es zu sehen, wie jede Braut voller Vorfreude und auch etwas Anspannung in das Geschäft kommt, um ihr Traumkleid zu finden. In der Erwartung des schönsten Tages ihres Lebens, an dem sie im Mittelpunkt stehen wird und ihre Mädchenträume wahr werden, liegen die Nerven nicht selten blank. Jede Braut hofft, das perfekte Kleid zu finden.

Manchmal gibt es Probleme und die Emotionen kochen hoch. Manchmal ist die Braut mit ihrem Äußeren unzufrieden, findet sich zu dick oder hat für den großen Tag abgenommen, aber sieht im Spiegel doch noch ihre alte Figur. Zum Glück stehen ihr dann gut ausgebildete und geduldige Mitarbeiterinnen und Mitarbeiter zur Seite. Wenn die Braut ein Kleid gefunden hat, das ihr gefällt, bleibt noch abzuwarten, was ihre „Entourage" dazu sagt. Die Meinung der Mutter, Schwester oder einer Freundin hat oft viel Gewicht und trägt zur letztendlichen Entscheidung bei.

Oft ist die Reaktion der Begleitung jedoch nicht gerade nett und diplomatisch formuliert. Dann sieht man, wie die Braut in sich zusammensackt und sich unwohl fühlt. Die Freude schwindet und stattdessen ist ihr die Enttäuschung ins Gesicht geschrieben. Plötzlich gefällt ihr das gerade noch favorisierte Kleid doch nicht mehr.

Irgendwann aber kommt der Moment, auf den sie sich so lange gefreut hat. Das eine besondere Kleid, von dem sie träumte, ist endlich gefunden. Das Kleid, das perfekt zu ihr passt. Darin strahlt sie wie eine Prinzessin und ist wie ihre Begleitung zu Tränen gerührt. Da verdrücke auch ich schon mal ein Tränchen.

Die Sehnsucht, einmal im Leben der Mittelpunkt zu sein, das Gefühl wunderschön zu sein, geliebt und bewundert zu werden wie eine Prinzessin, erlebe ich bei so vielen Frauen.

Die meisten Menschen suchen das Puzzleteil, das zu 100 Prozent zu ihnen passt und sie vollkommen ergänzt, meist auf eine Art, die wir uns gar nicht richtig vorstellen können und doch ist es ein Urbedürfnis, das in uns schlummert. Ein Bedürfnis, das unser Schöpfer in uns gelegt hat. Das „Kleid" ist ein Symbol für alles Mögliche: ein guter Job oder eine steile Karriere, ein lang gehegter Traum, der Mann fürs Leben, gesunde Kinder und, und, und. Du weißt am besten, was es bei dir ist.

Jeder Mensch sucht das perfekte Gegenüber.

Unser Leben verläuft nicht immer geradlinig Das hast du selbst wahrscheinlich auch schon erlebt. Ohne, dass wir gefragt werden, erleben wir Schwierigkeiten. Anders, als wir es uns erhofften oder erträumten. Vielleicht wartest du immer noch auf deinen „Prince Charming", sehnst dich nach Liebe, nach jemandem, der für dich da sein will und dich heiratet. Vielleicht wurde dir dieser Traum schon erfüllt, doch jetzt kannst du nicht schwanger werden. Oder du entdeckst, dass dein „Traumprinz" deine innere Leere und deine Sehnsüchte auch nicht erfüllen kann. Vielleicht ist deine Beziehung sogar schon zerbrochen und der Schmerz darüber füllt dich immer noch aus. Du fühlst dich verstoßen, im Stich gelassen, abgelehnt. Du siehst das Glück, die Hochzeiten um dich herum und hast das Gefühl, dass das Leben dich vergessen hat.

Dass es trotzdem für jede Frau das perfekte Match und das eine „Traumkleid" gibt, davon bin ich überzeugt. Was das Kleid betrifft, empfehle ich dir auf jeden Fall zu einem Experten zu gehen, der dir helfen kann, den richtigen Stil und die beste Passform zu finden. Etwas, in dem du dich wohl und fröhlich fühlst. Denn das Wichtigste ist, dass du dich schön findest. Dann strahlst du und bist die beste Version deiner selbst. Das gönne ich dir von Herzen.

Gott ist der einzige Experte, der dich bis ins letzte Detail kennt. Er wollte dich, er schuf dich für sich und hat sich schon auf deine Geburt gefreut, als du noch im Mutterleib warst. Daher kann allein er deine innere Leere füllen. Psalm 139,13: *„Du hast mich mit meinem Innersten geschaffen, im Leib meiner Mutter hast du mich gebildet."*

Ich bin davon überzeugt, dass wir alle nach Maß geschneidert sind. Ein ausgeklügelter Entwurf, liebevolle Handarbeit, maßgeschneidert und von höchster Qualität, ein Meisterwerk. Nur sehen wir das oft selbst nicht. Wir schauen in den Spiegel und sehen unser Versagen, unsere „Webfehler"– und das, obwohl die Bibel sagt, dass wir ein Wunder sind.

Also, wenn du „das Kleid" für dein Leben suchst, empfehle ich dir wärmstens, bei Jesus auf die Suche zu gehen. Er weiß, was dir steht. Ihn zu kennen, mit ihm zu leben, ist das genau passende, noch fehlende (Kleidungs-) Stück und das perfekte Match in deinem Leben. Hört sich das komisch an? Vielleicht schon, aber jeder, der ihn persönlich kennt, kann das bestätigen. Denn dann passen alle Teile zusammen. Bedeutet das, dass du dann keine Probleme mehr in deinem Leben hast? Nein, denn das Leben ist oft unfair und verläuft anders als gedacht. Doch dann hast du jemanden, der dir beisteht, der dir hilft und dich unterstützt und bei dem du dich auch ausheulen darfst: Jesus.

Er bringt dein Inneres (und damit durchaus auch dein Äußeres) zum Blühen. Wenn du ihn besser kennenlernst, wirst du deinen „Kleidungsstil" auch nach seinen Ratschlägen anpassen. Darüber hast du nun ja schon einiges gelesen.

Kennst du Menschen, die zwar nicht die neueste moderne Kleidung tragen, aber aufgrund ihrer Haltung, ihrer Art zu reden und mit anderen umzugehen, schön sind? Wahrscheinlich kennst du auch eine Frau, die immer die angesagtesten Styles trägt, aber wegen ihrer Attitüde und ihrem Verhalten eine unangenehme Zeitgenossin ist.

Eine bekannte, außerordentlich schöne und elegante Frau, die trotz ihrer Schönheit und ihres Ruhms immer sie selbst blieb, war die Schauspielerin Audrey Hepburn. Folgendes hat sie einmal gesagt:

„Die Schönheit einer Frau wird nicht von ihrer Kleidung, ihrer Figur oder Frisur bestimmt. Die Schönheit einer Frau ist in ihren Augen erkennbar, denn das sind die Tore zu ihrem Herzen, wo die Liebe wohnt. Die wahre Schönheit einer Frau wird in ihrer Seele reflektiert – durch ihre liebevolle Fürsorge, ihre Leidenschaft –, und so nimmt die Schönheit einer Frau mit den Jahren immer weiter zu." (Audrey Hepburn)

Mit anderen Worten: Dein perfektes „Kleid" oder dein ureigener Style entsteht auch durch deinen Lebensstil. Deine Leidenschaft und Liebe, mit der du dich um andere kümmerst, machen dich zu einer Schönheit.

Schöne Menschen sind oft selbstbewusst. Oder andersherum: Selbstbewusste Menschen strahlen häufig Schönheit aus. Selbstbewusstsein entsteht aus Identität. Doch Identität ist nicht nur zu wissen, wer du bist, es bedeutet auch, zu wissen, wo du herkommst, wo dein Ursprung ist. Deshalb ist es so wichtig, dass ein Kind in einer sicheren und liebevollen Umgebung aufwächst und immer darauf vertrauen kann, dass es versorgt und geliebt wird. Unsere Identität entsteht schon in den ersten Lebensjahren oder sogar noch früher:

„Die Geschichte der Identität und Persönlichkeit beginnt in unseren Anlagen, entwickelt sich weiter durch die Geburt in eine Familie, das Aufwachsen in einer Umgebung mit einer bestimmten Kultur. Sie entwickelt sich in Wechselwirkung mit dem, was um uns herum geschieht." (Quelle: www.idee-pmc.nl/zijn/identiteit)

Deine Identität ist schon vor deiner Geburt vorhanden. Das bedeutet, dass Gott selbst den ersten wichtigen Teil deiner Identität in dich gelegt hat. Dazu kommen deine Lebensumstände, dein Elternhaus, die Erziehung, Beziehungen, dein kulturelles Umfeld etc. Das alles zusammen formt deine Identität. Viele Leute verwechseln Identität aber mit dem äußeren Erscheinungsbild und wollen auf diese Weise zeigen, wer sie sind.

Deine Identität entsteht nicht durch deine Kleidung. Kleidung verleiht deiner Identität allenfalls Ausdruck.

Blütezeit Tipp:

Kaufst du in der nächsten Zeit ein Brautkleid oder
kennst jemanden, der eines sucht?
Achte dann darauf, welche Farbnuance dir am besten steht.
Bist du eher blass?
Dann wird dir creme oder champagner gut stehen.
Bist du ein dunkler Hauttyp, der schnell braun wird?
Dann ist schneeweiß immer eine gute Wahl.

Was gibt dir dein Identitätsgefühl?
Ist es deine Kleidung, deine Karriere, deine Persönlichkeit?
Überlege, was es bedeutet, dass deine Identität in Jesus liegt.
Wer bist du in seinen Augen?

Mehr als alles
hüte dein Herz,
denn *von ihm* geht
das Leben aus.

SPRÜCHE 4,23

KAPITEL 15

Blüh auf, mein Herz!

UND STRAHLE!

„Ach, eigentlich wusste ich es doch schon längst. Ich kann es halt einfach nicht und werde auch nie zu den Besten gehören. Ich bin eben nicht so sportlich. Wie konnte ich glauben, ich könnte es schaffen? Diese Gedanken gingen mir durch den Kopf, als ich das Ergebnis meines Cooper-Tests in den Händen hielt.

Endlich hatte ich all meinen Mut zusammengenommen und war zu einem Lauftreff gegangen. Zum ersten Mal in meinem Leben. Unter anderem, weil mein Mann so begeistert davon erzählte. Er hatte auf diesem Weg vor einigen Jahren seine Liebe zum Laufen entdeckt. Immer wieder schlug er mir vor, doch auch mit dem Laufen anzufangen. „Komm schon, dir wird es bestimmt Spaß machen", oder „Probiere es doch einfach mal aus. Es ist wirklich toll und wird dir guttun." Also hatte ich mich durchgerungen. Auch wenn ich eigentlich nur hinging, um mir selbst zu beweisen, dass ich auch mit 46 die zehn Kilometer schaffen würde.

Ich schloss mich einer Anfängergruppe an. Am Anfang des Jahres hatten wir ohne jegliche Kondition begonnen. Das erklärte Ziel war der städtische 10-Kilometerlauf im Juni. Wie cool wäre es, wenn ich das schaffen würde, daran teilzunehmen? Ich ging also zweimal die Woche zu unserem Lauftreff, bei dem wir unter fachmännischer Anleitung trainierten. So ganz sicher, ob das was werden würde, war ich mir aber nicht.

In der ersten Phase des Kurses machten wir den erwähnten Cooper-Test. Vielleicht kennst du ihn. Innerhalb von zwölf Minuten mussten wir so weit und so schnell wie möglich laufen. Mir war bewusst, dass ich nicht zu den Besten der Gruppe gehörte. Ich war noch nie sonderlich sportlich gewesen. Schon zu Schulzeiten war ich froh, wenn meine Mutter mir wegen Menstruationsbeschwerden eine Krankschreibung für den Sportunterricht schrieb. Sportunterricht war einfach nicht mein Ding.

Aber gut, jetzt war es meine eigene Entscheidung gewesen und ich gab mein Bestes. Dann erhielt ich das Ergebnis. Auf der Karte war eine Tabelle abgedruckt, aus der ich mein Ergebnis ablesen und prüfen konnte, wie es um meine Kondition bestellt war. Das Ergebnis überraschte mich wenig: „mittelmäßig bis schlecht" stand dort. Das hatte ich mir schon gedacht. Nichts Neues. Ich kann's halt einfach nicht. Voller Enttäuschung machte ich mich in Gedanken noch schlechter. In der Schule war es auch nie anders gewesen , und ich wurde immer als eine der letzten ins Team gewählt. Wieso sollte das jetzt anders sein?! Und wer sagt eigentlich, dass Sport Spaß macht …

Fast hätte ich meine gerade begonnene Laufkarriere schon wieder beendet. Ich fand es nicht leicht, aber trotzdem machte ich weiter, Rückschläge und Tränen inklusive. Ich wollte mich nicht unterkriegen lassen. Zum Glück war ich nicht die Einzige in der Gruppe, der es so ging. Als ich mir einige Monate später mein Cooper-Test-Ergebnis noch einmal ansah, stellte ich fest, dass ich mein Ergebnis versehentlich mit der Tabelle der Männer verglichen hatte. Auf der richtigen Tabelle abgelesen, war mein Ergebnis gar nicht mehr so schlecht: „mittelmäßig bis gut" stand dort. Was? Echt jetzt? Ich konnte es fast nicht glauben.

So schlecht war ich also doch nicht. Wie dumm von mir zu glauben, ich sei eine totale Niete.

Letztendlich habe ich die zehn Kilometer geschafft. Es war kein Topergebnis, aber es ging mir auch mehr darum durchzuhalten. Dass ich es trotz meiner unsportlichen Vergangenheit schaffte, war ein großartiger Sieg für mich. Sogar in die kommunale Zeitung hatte ich es geschafft; auf einem Foto war ich mit einigen Laufkameraden abgebildet.

Die Wahrheit befreit.

Dass ich so schlecht war und es aufgrund meiner Unsportlichkeit nicht schaffen würde, war eigentlich eine große Lüge. Doch in der Situation selbst machten mich diese Lügen ganz schön nieder. Meine negativen Gedanken drückten mich zu Boden und nahmen mir eine ganze Zeit lang meinen Glauben an mich selbst und meine Talente. Dumm von mir. Doch es ist nun mal ein Fakt, dass Lügen uns sprichwörtlich nicht aufrecht gehen lassen. Sie lösen unsere Unsicherheit und die damit verbundenen Gefühle in uns aus.

Dazu fällt mir die Geschichte einer Frau ein, die aufgrund jahrelanger Krankheit gebückt durchs Leben ging.

Die Geschichte spielt in einer Zeit, in der Jesus herumreiste und überall Menschen heilte. Die Erzählung über diese Frau ist nur sehr kurz. Während Jesus in einer Synagoge über Gott sprach, war auch eine Frau anwesend. Bereits seit 18 Jahren war sie krank. Sie lief gebückt und konnte ihren Kopf nicht heben. Als Grund wird „ein böser Geist" genannt. Als Jesus sie sah, rief er sie zu sich: „Du bist von deinem Leiden erlöst!" Er legte seine Hände auf sie und sofort richtete sie sich auf und lobte Gott! Diese Geschichte kannst du in Lukas 13,10-13 nachlesen.

Stell dir vor: Diese Frau konnte all die Jahre nicht aufrecht gehen. Sie litt an einer teuflischen Krankheit, die ihren Rücken krümmte. Ich glaube, dass sie in ihrem Umfeld sicher bekannt war. Lästereien und Gerede gab es schon immer. Sicherlich wurde viel über sie getuschelt. „Schau, da ist die besessene Frau. Sie kann noch nicht einmal aufrecht stehen. Wer weiß, was sie alles getan hat. Es ist sicher ihre eigene Schuld …"

Bestimmt war sie sehr einsam. Sie gehörte nicht dazu, wurde wie eine Aussätzige behandelt, und die Leute machten einen Bogen um sie. Dann sind 18 Jahre eine lange Zeit. Fürchterlich lang. Wahrscheinlich hatte sie schon keine Hoffnung mehr, irgendwann geheilt zu werden. Doch dann hörte sie von einem herumreisenden Mann, der alle möglichen Menschen heilte. „Mich kann er bestimmt nicht heilen. Mich haben sie ja eh verstoßen und ich gehöre schon lange nicht mehr dazu. Wahrscheinlich wird er mich sowieso übersehen." So oder so ähnlich dachte sie vielleicht. Trotzdem ging sie in die Synagoge. Vielleicht war sie neugierig, einfach verzweifelt oder hatte doch einen Funken Hoffnung nach allem, was sie gehört hatte. Diesen sonderbaren Mann, der so viele Kranke heilte, wollte sie doch gerne sehen, wenn auch nur aus der letzten Reihe.

Ich finde es so schön, dass in der Geschichte steht: „Als Jesus sie sah, rief er sie zu sich". Zur damaligen Zeit saßen zu solchen Anlässen Männer und Frauen getrennt. Es lag also etwas Abstand zwischen ihr und Jesus, sonst hätte er sie nicht rufen müssen. Doch obwohl sie weiter weg stand, sah Jesus sie, rief sie und heilte sie, indem er ihr die Hände auflegte.

Gab oder gibt es Umstände in deinem Leben, die dich gebückt gehen lassen? Zusammengesunken unter einer Last, die dich nicht aufrecht stehen lässt? Bei mir war mein vermeintlich schlechtes Testergebnis so ein Moment. Auch wenn es nicht die Wahrheit war, schien es mich zu erdrücken. Ich fühlte mich schlecht, klein und wertlos.

Meiner Erfahrung nach kennen viele Frauen dieses Problem. Aufgrund eines Ereignisses fühlen wir uns klein und unwichtig, weniger wertvoll, schön, gut oder Ähnliches.

Die Frau in der Geschichte wollte Jesus sehen. Vielleicht wusste sie nicht, wer er war, sondern hatte nur gehört, dass er Menschen heilt. Sie hielt sich aber lieber im Hintergrund.

Warum rief sie nicht laut: „Jesus, heile mich! Hilf mir! Schau doch her!" Warum sagte sie nichts? Hatte sie sich hinter der Scham, anders zu sein, versteckt? Hatte sie die Hoffnung aufgegeben? Dachte sie: „Er wird mich sowieso nicht sehen. Wie alle anderen geht er sicher einfach an mir vorbei." Hat sie deshalb gar nicht erst versucht, auf sich aufmerksam zu machen? Ich denke, dass die Stimme der Lügen in ihren Gedanken so real und überzeugend war, dass sie selbst daran glaubte. Nach 18 Jahren wohl auch kein Wunder.

Und dann rief Jesus sie. Damit sagte er: „Ich sehe dich." Er legte seine Hände auf sie und erlöste sie von ihrer Krankheit. In diesem Moment streckte sich ihr Rücken wieder und sie dankte Gott laut.

Kannst du dir vorstellen, wie das nach so langer Zeit für sie war? All die Jahre hatte sie keinen Sonnenaufgang und keinen blauen Himmel gesehen. Sie konnte nicht in die Augen eines anderen Menschen blicken. Und auf einmal konnte sie sich wieder aufrichten und in das Gesicht dieses Mannes schauen. Sie sah ihren Heiler, Jesus, den Menschen ohne Sünde und Vorurteil. Jesus, der sie bedingungslos und vollkommen liebte. Die geheilte Frau kann nicht anders reagieren, als ihre Freude lauthals auszurufen.

Ich mag diese Geschichte aus verschiedenen Gründen. Unter anderem, weil die Frau ihre Stimme wiederfand! Manchmal verlieren wir unsere Stimme, weil wir bedroht werden, die Hoffnung aufgeben, denken, dass uns sowieso niemand hört, oder jemand uns den Mund verbietet.

Aber Jesus sieht dich und möchte dich vollkommen wiederherstellen, sodass du wieder aufrecht stehen kannst und deine Stimme wiederfindest.

Jesus tat noch etwas für diese Frau. Er vergrößerte ihr Blickfeld. Sie musste nicht mehr auf den Boden sehen. Um sie herum eröffnete sich ihr die Welt! Und genau das kann auch in deinem Leben geschehen. Jesus möchte dir neuen Mut geben, dich aufzurichten und deine Stimme zu erheben. Er wird dein Blickfeld erweitern, sodass du nicht mehr eingeschränkt und begrenzt leben musst.

Steh auf!
Schultern zurück,
Brust raus,
Kinn hoch!
Du darfst sein!

Was sorgt in deinem Leben dafür, dass du – wie die Frau in der Geschichte – gebeugt lebst? Was bestimmt deine Gedanken? Jesus sagt: „Ich bin der Weg, die Wahrheit und das Leben." Die Wahrheit wird dich befreien. In unserer Welt hat jeder seine eigene Wahrheit. Eine meiner Wahrheiten war lange Zeit, dass ich unsportlich bin.

Diese Wahrheit zog mich ganz schön runter, denn sie stimmte nicht mit der Wirklichkeit überein. Die Realität ist: Wenn ich mein Bestes gebe, trainiere und Zeit investiere, dann kann auch ich sportlich sein. Wenn jeder seine eigene Wahrheit hat, gibt es keine echte Wahrheit. Darum spricht die Bibel von einer anderen Wahrheit. Eine Wahrheit, die uns befreit. Diese Wahrheit ist eine Person: Jesus ist die Wahrheit (Johannes 14,6). Wenn du ihn in deine Gedanken lässt, ihm zuhörst, was er über dich zu sagen hat, dann wird er dich befreien. Befreien von Lügen, die dich kleinhalten. Befreien von Traurigkeit, damit du aufrecht stehen, leben, strahlen und blühen kannst.

Blütezeit Tipp:

Stelle dich jeden Morgen vor den Spiegel und sage dir selbst,
wie schön und talentiert du bist.
Tu das, bis du es wirklich glaubst.

Nimm dir einen Moment für dich.
Denke nach:
Welche Gedanken halten dich klein und sorgen dafür,
dass du nicht aufrecht stehst?
Schreibe sie auf.
Sprich mit jemandem, der dir die Wahrheit sagen kann.
Dann kannst du wieder mit erhobenem
Kopf durchs Leben gehen.

Deine *Einstellung* bestimmt deine Richtung.

KAPITEL 16

Ein Leben lang Königin

KENNE DEINE BERUFUNG

Ich traue meinen Augen kaum: Máxima, Königin der Niederlande, ist gerade an unserem Tisch vorbeigelaufen! Wir sind mit unserer Familie im Circustheater in Scheveningen. Während der Pause des Musicals „Mary Poppins" sitzen wir im Theatercafé und trinken etwas. Da kommen ein paar kleine Mädchen in hübschen Kleidern, gefolgt von zwei Frauen, ins Café. Die Bodyguards halten sich diskret im Hintergrund. Sie ist es wirklich. Unsere Königin ist wirklich hübsch. Schöner noch als im Fernsehen. Mir verschlägt es die Sprache.

Königin Máxima fasziniert mich. Ich besitze über sie verschiedene Bücher mit wunderschönen Fotos. Ihre Ausstrahlung, ihr Lächeln und ihre Persönlichkeit sprechen mich an. Bemerkenswert finde ich: Ihr steht fast alles. Zum einen, weil sie groß und schlank ist, zum anderen, weil zu ihrem ein wenig dunkleren Teint und ihren dunklen Augen viele verschiedene Farben passen. Das i-Tüpfelchen ist ihre positive und charmante Ausstrahlung.

Ich bewundere es, wie sie ihren eigenen Stil entwickelt hat, und mit welchem Selbstvertrauen sie außergewöhnliche Kombinationen trägt. Das würde sich nicht jede trauen. Ich bewundere, wie sie in ihre Rolle als Königin hineingewachsen ist und wie sie an der Seite des Königs steht. Ich finde, dass er durch Máxima ein schönerer Mann geworden ist. Gemeinsam strahlen sie Harmonie, Liebe und Kraft aus. Zudem haben sie drei tolle Töchter.

Eigentlich möchte ich aber über eine andere Königin sprechen: Esther. Ihre Geschichte beginnt, als sie noch Hadassa hieß.

Hadassa war ein jüdisches Mädchen, das vor langer Zeit in der Stadt Susa bei ihrem Onkel lebte. Susa gehörte zum riesigen Reich des König Xerxes, das sich von Indien bis Äthiopien erstreckte. Hadassa war eine Waise. Ihre Eltern waren gestorben, doch zum Glück hatte sie einen liebevollen Onkel, der sie aufnahm und wie ein Vater für sie sorgte. Sie lebten ein einfaches, aber gutes Leben. Vielleicht träumte Hadassa wie viele Mädchen von einer Zukunft mit ihrer eigenen Familie, für die sie dann sorgen würde. Bis eines Tages ihr Leben auf den Kopf gestellt wurde.

Eine Geschichte, die deine Vorstellungskraft herausfordert.

König Xerxes war unzufrieden mit seiner Ehefrau, da sie es gewagt hatte, einer seiner Anordnungen nicht Folge zu leisten. Deshalb wollte er sich eine neue Gemahlin suchen und befahl, im ganzen Land nach jungen hübschen Mädchen zu suchen und sie zum Palast zu bringen. Während einer monatelangen Schönheitsbehandlung wurden sie auf die Begegnung mit dem Herrscher vorbereitet. Eine von ihnen wollte er dann zur neuen Königin krönen.

Vielleicht kennst du die Geschichte. Sie ist eine meiner Lieblingsgeschichten aus der Bibel, auch weil sie meine Vorstellungskraft anregt. Es lohnt sich also, sie zu lesen und in diese wunderbare Erzählung einzutauchen! In voller Länge findest du sie im Buch Esther im Alten Testament.

Am Hof des Königs erhielt Hadassa den persischen Namen Esther. Sie wird als ein hübsches Mädchen mit guter Figur beschrieben. Gemeinsam mit den anderen jungen Frauen wurde sie insgesamt zwölf Monate auf die Begegnung mit dem König vorbereitet (Esther 2,12).

Was wohl zwölf Monate Beautytreatments aus mir machen würden?! Hört sich gar nicht schlecht an. Doch wahrscheinlich hätte ich nach spätestens einem Monat genug von den Massagen, Rosenbädern, Peelings und so weiter. Für Esther war es sicher eine spannende Zeit. Ohne, dass sie eine Wahl gehabt hätte, wurde sie aus ihrem bisherigen Leben gerissen. Noch dazu war sie ja nicht die einzige „Anwärterin". Gemeinsam mit allen anderen Mädchen musste sie gegen ihren Willen in den Palast umziehen, um möglicherweise die neue Königin zu werden. Sollte das nicht funktionieren, wäre sie vermutlich eine der vielen Nebenfrauen des Königs geworden. Nicht gerade ein Traumjob, oder? Ich kann mir vorstellen, dass unter den Frauen viel gelästert und gewetteifert wurde. Jede hoffte auf einen Moment mit dem König, der vielleicht nie kommen würde. Das stelle ich mir sehr trostlos und deprimierend vor.

Nach all den Monaten der Vorbereitung wurde dann jeweils ein Mädchen zum König gerufen. Esther sah also immer wieder die herausgeputzten jungen Frauen, behangen mit Schmuck und in die besten Stoffe gehüllt, in den Thronsaal gehen. Eine nach der anderen kamen sie zurück und wurden in den Harem geschickt, weil der König noch nicht die Richtige gefunden hatte.

Anscheinend war Esther anders als die anderen Mädchen, denn der für den Harem verantwortliche Eunuch Hegai nahm sie unter seine Fittiche. Er hatte gesehen, dass Esther ehrlich und authentisch war. Darum beriet er sie bei der Auswahl ihres Outfits, um ihre Persönlichkeit besonders gut zum Vorschein zu bringen. So stand sie endlich vor dem

König. Sie gefiel ihm sehr und er gewann sie lieb. Deshalb erwählte er Esther zur neuen Königin.

Im weiteren Verlauf der Geschichte wird es ziemlich spannend. Am Hof des Königs wurden Intrigen geschmiedet. Vor allem der hochrangige Diener Haman hatte beschlossen, alle Juden im Königreich töten lassen zu wollen. Das Volk also, zu dem auch Esther gehörte.

Als dieser Plan bekannt wurde, kam Esthers Onkel Mordechai zum Hof und flehte seine Nichte an, diesen Plan zu vereiteln. *„Vielleicht bist du gerade deshalb Königin geworden, um die Juden aus dieser Bedrohung zu retten!"*, sagte er zu ihr (Esther 4,14b).

Esther wusste nur zu gut, dass dies keine ungefährliche Aufgabe für sie war. Denn keine Frau durfte einfach so zum König gehen. Sie musste immer warten, bis er sie zu sich rief. Doch sie glaubte fest daran, dass ihr Gott, der Gott der Juden, sie für diese Aufgabe auserwählt hatte. Darum war sie fest entschlossen, das Wagnis einzugehen. *„Wenn ich umkomme, dann komme ich eben um!"* (Esther 4,16). Ganz schön mutig!

Esther schmiedete einen Plan, um die Aufmerksamkeit des Königs zu erlangen. Als sie vor ihn treten durfte, kniete sie vor ihm nieder und flehte ihn an, ihr Volk zu retten. Die Geschichte geht noch etwas weiter, aber um sie abzukürzen, sei noch gesagt, dass zu guter Letzt Hamans Pläne vereitelt und er selbst getötet wurde. An seiner Stelle erhielt Esthers Onkel Mordechai seinen Posten.

Das war Esthers Geschichte im Schnelldurchlauf. An ihrer Geschichte finde ich einige Dinge besonders bemerkenswert, die auch für uns relevant sind. Esther nahm die Situation, in die sie geraten war, an. Sie machte das Beste aus ihrem Leben am Hof. *„Alle, die sie sahen, bewunderten ihre Schönheit"* (Esther, 2,15b). Sie entschied sich, sich mit Bescheidenheit, Geduld, Gehorsam, Mut, Vertrauen ... zu kleiden. Erinnerst du dich? (Siehe Kapitel 8 in diesem Buch.)

Esther lebte mit Gott und vertraute ihm, auch wenn ihr Leben anders als erhofft verlief. Im Harem des Königs genoss sie die Zuneigung des Wächters Hegai. Dieser Mann, der so viele schöne Mädchen sah, erkannte Esthers Authentizität und ihre Andersartigkeit. Sie fiel durch ihre Lebenseinstellung, ihre „Attitude", ihren Optimismus und ihre

Ehrlichkeit auf. So erhielt sie von Hegai den entscheidenden Tipp, um den Geschmack des Königs zu treffen.

Esthers Onkel sagte zu seiner Nichte: „*Vielleicht bist du gerade deshalb Königin geworden, um die Juden aus dieser Bedrohung zu retten!*" (Esther 4,14). Sie dachte über diese Worte gründlich nach. Deshalb bat sie alle Juden im Land, drei Tage lang zu fasten. Sie sollten nichts essen und nichts trinken, während Esther in dieser Zeit die Situation überdachte. Vermutlich kniete sie die meiste Zeit am Boden und flehte Gott an, ihr zu helfen. Sie war abhängig vom allmächtigen Gott. El-Shaddai wird er in der Bibel auch genannt: der Allmächtige.

Dann sagte sie in Vers 16: „*Wenn ich umkomme, dann komme ich eben um!*". Mut, Überzeugung, ein Herz für ihr Volk, Gehorsam und Gottvertrauen waren ihre Werte.

Ich glaube, dass unser Leben eine Zeit der Vorbereitung auf die Begegnung mit unserem König ist. Irgendwann werden wir ihm gegenüberstehen und ihn sehen: den allerhöchsten König, den Schöpfer des Himmels und der Erde!

Bist du bereit, deine Lebenszeit zur Vorbereitung auf diesen Moment zu verwenden? Bist du bereit, so wie Esther alle nötigen „Beautytreatments" über dich ergehen zu lassen? Die Schönheitsbehandlungen, die uns zu einem besseren und schöneren Menschen machen, bestehen allerdings nicht alle aus Rosenwasser und Bodylotion. Es sind die Momente, in denen wir Geduld und Durchhaltevermögen lernen. Wenn wir auf diese Weise „bearbeitet" werden, werden wir zu besseren und schöneren Menschen.

Du und ich, wir dürfen zu den Royals gehören. Wir sind Frauen, die einen König repräsentieren, der viel mehr Macht und Befugnisse hat als irgendein irdischer König. Er hat uns für Zeiten wie diese geschaffen. Für hier und jetzt. Wenn wir – so wie die beiden Königinnen Máxima und Esther – unser Potenzial entdecken, können wir in dieser Welt königlichen Einfluss nutzen. Als Gottes Töchter haben wir etwas weiterzugeben.

**Denke wie eine Königin!
Eine Königin hat keine Angst zu versagen. Misserfolg ist nur ein weiterer Schritt zur Größe.**

OPRAH WINFREY

Blütezeit Tipp:

Wäre es möglich, dass du genau für diese Zeit,
für diesen Moment der Geschichte, auf der Welt bist?
Was könnte das bedeuten?
Wie könntest du deinen Einfluss nutzen und
die Welt positiv verändern?

DAS *Beste*
KOMMT NOCH!

KAPITEL 17
Lebe im JETZT!

TRAUE DICH, DU SELBST ZU SEIN

„Wenn die Kinder größer sind, wird es sicher wieder entspannter", denke ich nach der hundertsten schlaflosen Nacht. In ihren ersten drei bis vier Lebensjahren schliefen unsere ältesten Töchter sehr schlecht, weshalb ich enorm unter Schlafmangel litt. Das führte dazu, dass ich verschiedene körperliche Beschwerden bekam und keine Energie mehr hatte. Ich sehnte mich danach, dass sie älter wurden und ich wieder regelmäßig durchschlafen könnte.

Wenn dich jemand fragen würde, was der wichtigste Moment in deinem Leben war, was würdest du antworten? Vielleicht deine Geburt, als du zum ersten Mal die Augen öffnetest und sich deine Lunge zum ersten Mal mit Luft füllte? Oder vielleicht deine ersten Worte oder Schritte? Als du das erste Buch gelesen hast und sich dir damit viele neue Welten eröffneten? Dein erstes Date, der erste Kuss, deine Hochzeitsnacht, die Geburt deines ersten Kindes? Weißt du, der wichtigste Moment in deinem Leben ist das JETZT. Dieser Moment. Du lebst jetzt. Jetzt kannst du Entscheidungen treffen, jetzt kannst du aktiv werden. Jetzt kannst du riechen, schmecken und fühlen. Jetzt kannst du lachen, singen und tanzen. Auf deine Vergangenheit hast du keinen Einfluss mehr, und wer immerzu in der Zukunft lebt, wird irgendwann erkennen, dass er nie wirklich gelebt hat. Das Leben findet JETZT statt.

Na klar, manchmal sind es die Gedanken an das, was noch kommt, was uns Kraft gibt, durchzuhalten. So war es auch bei mir. Dennoch lassen sich die vergangenen Momente nicht wiederholen. Das JETZT ist morgen vorbei.

Ich kenne Leute, die bereuen, was bisher in ihrem Leben geschehen ist. Aber was bringt das? Sorge dafür, dass du nichts zu bereuen hast. Lebe JETZT. Triff jetzt Entscheidungen für eine bessere Zukunft, sodass du nichts bereuen musst. Schätze wert, was du jetzt hast: deinen funktionierenden Körper, die Menschen um dich, deine Arbeit, den Frieden, in dem du lebst, das Dach über deinem Kopf.

*„Schließlich, meine lieben Brüder und Schwestern, orientiert euch an dem, was **wahrhaftig, vorbildlich** und **gerecht**, was **redlich** und **liebenswert** ist und **einen guten Ruf** hat. Beschäftigt euch mit den Dingen, die auch bei euren Mitmenschen als Tugend gelten und Lob verdienen"* (Philipper 4,8).

Diese Verse bekam ich mit 14 Jahren zur Konfirmation zugesprochen. In der evangelischen Kirche habe ich den Konfirmationsunterricht besucht und dann im Frühling mit den anderen Konfirmanden eines Sonntags im Gottesdienst gezeigt, was wir dort gelernt hatten. Jeder von uns erhielt vom Pfarrer eine Urkunde mit einem von ihm ausgewählten Bibelvers. Meiner war der oben genannte.

Wahrhaftig, vorbildlich, gerecht, redlich, liebenswert und von gutem Ruf.

Anfangs verstand ich den Sinn dieser Zeilen nicht. Doch im Laufe der Jahre gewannen sie an Bedeutung. Stell dir vor, jeder auf dieser Welt würde sich auf das, was „wahrhaftig, vorbildlich, gerecht, redlich, liebenswert und einen guten Ruf hat" fokussieren. Dann gäbe es nur

Frieden und Glück. Wir leben in einer Zeit, in der der Fokus auf den negativen Schlagzeilen liegt: im Fernsehen, in den sozialen Medien, in der Zeitung. Es gibt fast keine positiven Nachrichten mehr. Scheinbar lässt sich damit kein Geld verdienen. Obwohl wir doch alle glücklich sein und uns über positive Dinge freuen wollen.

Könnte es sein, dass die Menschheit vergessen hat, sich mit den ehrbaren Dingen des Lebens zu beschäftigen? Am liebsten wollen wir doch eigentlich alle in einer gesunden, glücklichen und hoffnungsvollen Welt leben. Aber ist das nicht zu schön, um wahr zu sein? Vielleicht schaffen wir es gemeinsam, wenn wir den Fokus wieder auf die guten und ehrbaren Dinge des Lebens richten. Wenn Mitgefühl und Nächstenliebe wieder im Vordergrund stehen. Wie können wir das erreichen? Wir brauchen eine positive Kettenreaktion. Einen Dominoeffekt. Einen Schmetterlingseffekt!

Lasst uns damit anfangen, einander wieder wertzuschätzen. Die Bibel verspricht uns, dass es uns gut gehen wird und wir lange leben, wenn wir unsere Eltern ehren. Probiere es doch einfach aus.

Du kannst dich dafür entscheiden, positive statt negativer Worte zu sprechen. Lästerei, Lügen und Ärger aus deinem Leben zu verbannen und Menschlichkeit, Freundlichkeit und Nächstenliebe einen höheren Stellenwert zu geben.

Lege deinen Fokus auf ehrbare und gute Dinge. Schau dich um. Richte deine Aufmerksamkeit auf das Gute. Genieße die Natur. Überlege, wofür du jetzt dankbar sein kannst. Lebe und genieße jetzt! Dein Moment ist JETZT.

Bekannte Märchen enden oft mit: „Und sie lebten glücklich und zufrieden bis an ihr Lebensende." Gott möchte mehr als diesen Märchenspruch für dich. Er möchte eine persönliche Beziehung. Er möchte deinem Leben Inhalt und Wert geben in einer Dimension, wie du das noch nicht erlebt hast. Willst du wissen wie? Das entdeckst du in seinem Liebesbrief an dich. Kennst du den „Liebesbrief des Vaters" schon? Wenn nicht, hier kommt er.

Und das ist noch nicht alles. Gott verspricht, dass er eine Wohnung für uns vorbereitet hat, in der wir für immer leben können, wenn dieses Leben vorbei ist. Ich bin davon überzeugt, dass es sich um einen realen Ort handelt, wo wir hingehen werden, wenn unser Leben jetzt endet. Diesen Ort verspricht er jedem, der eine persönliche Beziehung zu ihm hat.

Mein Kind,

Du kennst mich vielleicht nicht, aber ich kenne dich durch und durch (Psalm 139,1).

Ich weiß, wann du sitzt und wann du wieder aufstehst (Psalm 139,2).

Alles, was du tust, ist mir bekannt (Psalm 139,3).

Denn du bist als mein Ebenbild geschaffen (1. Mose 1,27).

Schon bevor du entstanden bist, kannte ich dich (Jeremia 1,5).

Du bist kein Versehen (Psalm 139,15).

Ich habe dich wunderbar gemacht (Psalm 139,14).

Im Bauch deiner Mutter habe ich dich erschaffen (Psalm 139,13).

Ich möchte dich ganz in meine Liebe einhüllen (1. Johannes 3,1).

Ich gebe dir mehr, als ein irdischer Vater je geben könnte (Matthäus 7,11).

Ich bin der perfekte Vater (Matthäus 5,48).

Ich gebe dir alles, was du brauchst (Matthäus 6, 31-33).

Die ganze Zeit denke ich an dich (Psalm 139, 17-18).

Nie werde ich aufhören, dir Gutes zu tun (Jeremia 32,40).

Du bist mein kostbarer Besitz (2. Mose 19,5).

Wenn du mich von ganzem Herzen suchst, wirst du mich finden
(5. Mose 4,29).

Ich bin dein Vater, der dich in deinem Leid tröstet
(2. Korinther 1,3-4).

Wenn du verzweifelt bist, bin ich dir nahe
(Psalm 34,19).

So wie ein Hirte ein Lamm trägt, so trage ich auch dich
(Jesaja 40,11).

Ich bin dein Vater und liebe dich genauso sehr
wie meinen Sohn Jesus
(Johannes 17,23).

Ich kam, um dir zu zeigen, dass ich auf deiner Seite stehe und
nicht gegen dich bin
(Römer 8,31).

Jesus starb, sodass wir wieder beieinander sein können
(2. Korinther 5,18-19).

Wenn du Jesus annimmst, nimmst du auch mich an
(1. Johannes 2,23).

Komm zu mir nach Hause und ich werde für dich die beste
Party schmeißen
(Lukas 15).

Meine Frage an dich ist: Möchtest du mein Kind sein?
(Johannes 1,12-13).

Ich warte auf dich
(Lukas 15, 11-32).

In Liebe,
Dein Vater, der allmächtige Gott.

Blütezeit Tipp:

Nimm dir Zeit für einen JETZT-Moment
und tue etwas, das du genießt!

Lebst du im Jetzt?
Gibt es Gedanken, die dich im Moment blockieren?

Das Schönste, was
aus dir werden
kann,
bist *du selbst.*

KAPITEL 18

Schönheit

EIN FAZIT

Heute habe ich mir mal wieder ein paar Zeitschriften gekauft und blättere in meiner Kaffeepause darin. Modetrends, Make-up-Tipps, leckere Rezepte, neue Produkte fürs Badezimmer. Diese Momente genieße ich. Außerdem lese ich noch einen interessanten Artikel über Frauen, die ihren Traum verwirklicht und sich selbstständig gemacht haben. Natürlich kann ich mich mit ihnen nicht messen. Ich habe keine Karriere gemacht. Würde ich andere Entscheidungen treffen, wenn ich die Zeit zurückdrehen könnte?

Der Mensch wurde als Original und nicht als Kopie geschaffen. Du bist die Einzige deiner Art. Du bist einzigartig. Trotzdem haben wir Menschen das Bedürfnis, uns zu vergleichen.

In dieser Zeit werden uns in den Medien unglaublich viele Vorbilder präsentiert. Ganze Generationen junger Leute kleiden sich deshalb gleich, verfolgen das Leben der Promis und streben danach, genau wie sie zu sein.

Immer mehr Leute nutzen die sozialen Medien und werden Influencer. Aber ist es die Mühe wert, ihren Ratschlägen und Tipps zu folgen? Wirst du dadurch ein besserer Mensch? Wenn du genau hinsiehst, stellst du fest, dass es eigentlich vor allem darum geht, dass es ihnen besser geht. Ich selbst sehe im Einfluss der Influencer vor allem auf junge Leute eher eine Gefahr. Natürlich ist es gut, ausgewählte Vorbilder zu haben, doch diese sollten erst mal genauer unter die Lupe genommen werden.

Der Wunsch, einzigartig zu sein, ist in jedem Menschen tief verankert. Trotzdem folgen wir den gleichen Modetrends und passen unsere Lebensstile aneinander an. In den Fußgängerzonen fast jeder europäischen Stadt sind die identischen Modeketten zu finden. Die Designer wissen, dass von Promis getragene Kleidungsstücke innerhalb kürzester Zeit ausverkauft werden.

Das Informationsangebot in unserer Zeit ist größer als je zuvor. Jeder möchte seine oder ihre Wahrheit verbreiten. Doch wie können wir sicher sein, dass wir die ganze Wahrheit erfahren? Nicht alles kann die Wahrheit sein. Bei so vielen Widersprüchen könnte man denken, dass es gar keine Wahrheit mehr gibt.

Du wurdest für mehr geschaffen.

Ich hoffe, dass du während des Lesens dieses Buches entdeckt hast, dass du so viel mehr sein und werden kannst, als du vorher dachtest. Dass du dir bewusst geworden bist, wie geliebt und besonders du bist und wie wichtig deine wunderbaren, weiblichen Eigenschaften für diese Welt sind. Ich hoffe, dieses Buch trägt dazu bei, dass dir klar wird, dass deine eigenen Entscheidungen und Schritte im Leben ganz wichtig sind, um zur vollen Blüte zu kommen. Altes loslassen, Neues wagen, aus deiner Komfortzone heraustreten – das alles ist notwendig.

„Bleibt nicht bei der Vergangenheit stehen! Schaut nach vorne, denn ich will etwas Neues tun! Es hat schon begonnen, habt ihr es noch nicht gemerkt?" (Jesaja 43,18-19).

Diese Worte las ich, als ich zum ersten Mal darüber nachdachte, dieses Buch zu schreiben. Worte, die mir immer wieder in den Sinn kamen und mich beschäftigten. Worte, die einen Auftrag und eine Herausforderung für mich bereithielten. Dieses „etwas Neues" betraf auch mich. Neue Blüte, neues Leben, neue Dinge. Für all das ist Aktivität und Wachstum nötig. Es geht nicht um schnelle sofortige Veränderung. Dieser Prozess darf einige Zeit in Anspruch nehmen. Darum nannte ich mein Buch „Blüh auf, mein Herz!". Das Aufblühen beschreibt nicht einen einzelnen Moment, sondern eine Phase. Wie lange diese Phase dauern wird, wirst du herausfinden, wenn du dich darauf einlässt.

„Stillstand ist Rückschritt", hat mal jemand gesagt. Vielleicht kam dir das auch schon mal in den Sinn. Wir müssen in Bewegung bleiben. Stillstand ist schlecht für unseren Körper, unser Gehirn, unsere Beziehungen und vieles mehr.

Darum ist es so wertvoll und wichtig, verschiedene Bereiche deines Lebens unter die Lupe zu nehmen. Wo gibt es Stillstand? Wo hast du dich Veränderungen gegenüber verschlossen? Sehnst du dich nach etwas Neuem in deinem Leben? Dann kannst du jetzt anfangen und etwas dafür unternehmen. Du kannst davon träumen, zehn Kilo leichter zu sein. Du kannst der Lebensmittelindustrie, deinen Umständen oder anderen Menschen die Schuld für die überflüssigen Pfunde geben, aber wenn du selbst dich nicht entscheidest, dich für ein gesünderes Leben einzusetzen, dann wird dein Traum auch niemals wahr werden.

Du hältst den Schlüssel für ein blühendes Leben in der Hand. Nutze diesen Schlüssel. Gehe einen Schritt nach dem anderen, nicht alles gleichzeitig. Fange mit deinem Inneren an. Mit deinen Gedanken, Überzeugungen und deiner Lebenseinstellung. Es gibt vieles in unserem Leben, auf das wir keinen Einfluss haben. Es gibt aber auch genug, das wir beeinflussen können. Fange damit an. Wenn du es nicht allein schaffst, suche dir jemanden zur Unterstützung oder sprich mit Gott darüber. Er möchte dir immer helfen.

Vielleicht hast du während des Lesens schon mit den ersten Schritten begonnen. Super! Nimm dir die Zeit, Schritt für Schritt weiterzugehen, auch wenn du zwischendurch vielleicht hinfällst und dich wieder aufrappeln musst. Ich hoffe, dass diese Botschaft in deinen Verstand und dein Herz gesunken ist. Du bist kostbar und wirst geliebt. Du bist alle Mühe wert. Du hast so viel zu geben. Du kannst durch deine Bewegung, durch deinen Flügelschlag, einen Tsunami entstehen lassen.

Wenn du dich damit beschäftigst, wird sich eine neue Sensibilität für dein „Sein" entwickeln. Das wünsche ich dir: dass du sein darfst, wer du wirklich im Innersten bist. Sein, weil du geliebt wirst.

TRÄUME WEITER UND *Träume* GROSS!

Sehr inspirierend finde ich die folgende Rede von Theodore Roosevelt. Diese Worte sprach er in Paris am 23. April 1910. Sie berühren mich sehr. Ich verwende hier die weibliche Version:

„Es ist nicht der Kritiker, der wichtig ist. Nicht derjenige, der uns zeigt, warum eine starke Frau strauchelt oder was eine Frau der Tat besser hätte tun können.

Die Ehre gebührt der Frau, die wirklich in der Arena steht, die Fehler macht und immer wieder versagt, weil das nun einmal unvermeidbar ist.

Die Frau, die trotz alledem versucht, etwas zu erreichen und die großen Enthusiasmus und volle Hingabe kennt. Die Frau, die sich für die gute Sache hingibt und – wenn es gelingt – den Triumph davonträgt oder – wenn es misslingt – in jedem Fall großen Mut bewiesen hat ...“

Als ich diese Worte das erste Mal las, wusste ich sofort: Ich möchte diese Frau in der Arena sein. Die, die sich – wenn nötig – die Hände schmutzig macht und großen Mut beweist, indem sie in Aktion tritt. Die dazugehört, weil sie nicht still geblieben ist. Eine Frau der Tat. Machen wir uns nichts vor: Es wagen, Fehler zu machen, ist und bleibt beängstigend. Doch die Belohnung ist umso größer. Ich möchte am Ende meines Lebens einmal ohne Reue zurückschauen können, weil ich aktiv geworden bin und in der Arena stand. Dort passiert es, dort werden meine Träume Realität – trotz Misserfolgen. Dort wandelt sich mein Mut in Triumph. Was mich abgesehen davon antreibt, sind folgende Worte, die schon jahrelang richtungsweisend für mich sind.

„Sie streuen sich nicht mehr voller Verzweiflung Asche auf den Kopf, sondern schmücken sich mit einem Turban. Statt der Trauergewänder

gebe ich ihnen duftendes Öl. Ihre Mutlosigkeit will ich in Jubel verwandeln, der sie schmückt wie ein Festkleid. (Jesaja 61,3).

Du hast diesen Vers hier irgendwann schon mal gelesen, aber ich möchte ihn wiederholen, weil ich ihn so entscheidend finde. Gott tauscht die Asche meines Lebens gegen eine Krone. Er nimmt mir die Trauerkleider und den Schmerz ab.

Diese Worte sind die Basis meiner Arbeit mit Frauen. Ich trage sie in meinem Innersten mit. Gott schenkt uns im Tausch gegen unseren alten Schmerz etwas Neues. Er ist der Einzige, der alles erneuern kann.

Vielleicht hast du mittlerweile begonnen, deinen Kleiderschrank von altem Ballast zu befreien. Vielleicht hast du alte „innere Kleidung" weggeworfen. Alten Schmerz und überholte Überzeugungen in den Sack gesteckt. Und wie sieht es mit deiner Lieblingshandtasche aus? Ist sie bereits leichter geworden? Hast du sie einmal ausgeleert und jetzt mit guten, nützlichen und wertvollen Dingen gefüllt, die dir im täglichen Leben helfen können?

Vielleicht hast du auch entdeckt, wie besonders, kostbar, einzigartig und wunderbar du wirklich bist. Eine Perle unschätzbaren Wertes. Das wünsche ich dir von Herzen.

Wenn du während des Lesens den einen oder anderen Aha-Moment hattest, dann halte diese Erkenntnisse fest. Versuche, sie auf dein Leben anzuwenden. Träume weiter und träume groß, liebe Freundin. Du hast nicht umsonst eine große Idee oder einen Traum. Du hast einzigartige Eigenschaften und Talente, die die Welt so sehr braucht. Auch bei mir begann es mit kleinen Gedanken, die wuchsen und zu Sehnsüchten und Träumen wurden. Du kannst der Welt so viel geben. Du lebst, wie Esther damals, mit der Fähigkeit, einen Unterschied zu machen. Du bist genau für diesen Moment der Weltgeschichte auf der Erde. Mach also den Deckel deiner Schatzkiste weit auf und fange an, deine persönlichen Schätze einer Welt in Not zu schenken.

Teile aus, gib weiter, sei ein Schmetterling und rufe die anderen Raupen in die Freiheit ... lass andere hören, dass auf sie das Gleiche warten und sie auch schöne Schmetterlinge werden können.

Blütezeit Tipp:

Schreibe alle deine Träume auf und denke oft darüber nach.
Glaube nicht, dass du es sowieso nicht schaffst,
sie zu verwirklichen, sondern erstelle einen Plan.
Was musst du tun, damit der Traum Wirklichkeit wird?
Fange mit kleinen Schritten an.

Alle *Blumen* von morgen schlummern in den Samen von heute.

KAPITEL 19

Lebe bewusst! Lebe heute!

„Lebe bewusst, lebe heute. Sei aufmerksam. Sei offen für meine Ge-genwart in der Welt um dich herum. Öffne deine Sinne für meinen Geist, für das Erhabene, für alle natürliche Schönheit. Rieche den Duft der Rose – und freue dich! Beobachte das Huschen einer Ameise – mit Vergnügen! Fühle den Wind wie einen Freund. Spüre die Erde, fühle ihren Puls. Meine Welt zu lieben ist eine Art, demütig zu sein. Lege all deine inneren Konflikte einmal beiseite, und wende dich dem Le-ben außerhalb deiner selbst zu. Hast du ein Auge für das warme Licht der Sonne, das über die Mauer streicht? Erkennst du die ganz eigene Kunst der Regentropfen-Muster auf staubigen Scheiben? Wenn dein Herz vom lauten Rhythmus deiner Sorge bestimmt wird, wirst du die Hymne eines Sonnenuntergangs kaum hören. Du wirst ihn versäumen. Du wirst das Zeichen meiner Liebe versäumen.“

(aus Marie Chapian: „Du bist eine Königstochter")

Denke daran, dich von Gedanken, die die Wahrheit verdrehen, nicht kleinmachen zu lassen. Stehe auf und zeige der Welt, wie schön du bist. Vielleicht denkst du, dass du nicht so viele Möglichkeiten, nicht so viel Geld oder nicht so viele Talente oder Zeit hast. Stopp! Reset. Auch die kleinsten Dinge können etwas auf den Weg bringen. Zeit für eine Tasse Kaffee mit deiner Nachbarin. Ein Blick, ein Lächeln, ein Kompliment, dass jemand anderen aus der schlechten Laune reißt. Es gibt so vieles, wenn du überlegst, welche unbegrenzten Möglichkeiten du hast. Du wirst erleben, wie dein Spielraum immer weiterwächst, wenn du aktiv wirst.

Geliebte Tochter, kostbare Perle, Prinzessin, schöner Schmetterling, steh auf! Strecke deine Flügel aus, wage den Sprung und fliege! Zögere nicht! Trau dich in diesem Moment!

Wenn du nichts änderst, wird sich nichts ändern.

Es gibt einiges, was du tun kannst, um dich weiterzuentwickeln. Hier noch ein paar Tipps:

Mache dich auf die Suche nach Gottes Lebensregeln

In Psalm 19,8 steht: *„Das Gesetz des Herrn ist vollkommen, es belebt und schenkt neue Kraft."* Vers 9: *„ ...es erleuchtet die Augen."* Schönheit entsteht, wenn du auf Gott ausgerichtet lebst. Er hat sich alle Schönheit ausgedacht und gibt sie uns. In seiner Nähe sein bedeutet Schönheit. Dort wird er deine geistlichen Augen auch für neue Erkenntnisse öffnen und du wirst ihn immer besser kennenlernen.

Tägliche Pflege
Schönheit entsteht, indem du auf Gott ausgerichtet lebst: *„Wer zu ihm aufschaut, der strahlt vor Freude"* (Psalm 34,6). „Tagescreme für die Seele" – also Zeit mit Gott zu verbringen – ist jeden Tag unverzichtbar. Und genau wie bei einer guten Tages- oder Nachtcreme solltest du nicht sparsam damit sein. Geh verschwenderisch damit um.

Bewache dein Herz
„Behüte dein Herz mit allem Fleiß, denn daraus geht das Leben hervor." In deinem Herzen findest du deine Schönheit (Sprüche 4,23).

Hier geht es um dein eigenes Herz, nicht das einer anderen ... nein, deines! Halte fest, was du empfangen hast! Bewache, pflege, und verteidige es, sodass der Feind dir nichts wegnehmen kann.

Sorge gut für dich selbst

„Oder habt ihr vergessen, dass euer Körper ein Tempel des Heiligen Geistes ist?" (1. Korinther 6,19). Nimm dir ausreichend Zeit für dich selbst und sorge gut für deinen Körper, denn es ist ein Ort, an dem Gott wohnt.

Suche Weisheit

Eine weise Person weiß, was sie kann und was nicht. Wir werden nie so viel Erfahrung haben, dass uns ein anderer nicht mit seiner Erfahrung und Weisheit weiterhelfen könnte. Du wirst nie dein ganzes Potenzial ausschöpfen, wenn du nicht auch die Weisheit anderer nutzt. Du weißt, was du weißt, und das ist alles, was du weißt. Wenn du es dabei belässt, wirst du hin und wieder einfältige Entscheidungen treffen. Also schaue über deinen Tellerrand hinaus und suche nach weisen Freundinnen. die Erfahrungen gemacht haben und daran gereift sind.

Blütezeit Tipp:

Bete täglich.
Beten bedeutet, über alles, was du brauchst und was dich
beschäftigt, mit Gott zu sprechen.
Das geht laut oder still in deinen Gedanken.
Er hört dich immer.

Lies in der Bibel, um Gott noch besser zu verstehen.
Lies zum Beispiel über Jesu Leben in den vier
Evangelien im Neuen Testament.
In Jesus sehen wir, wer und wie Gott, der Vater, ist.

Triff dich mit anderen Christen.
Es ist eine große Bereicherung, voneinander zu lernen,
miteinander zu sprechen, einander Fragen zu
stellen und sich gegenseitig zu ermutigen.

Aus kleinen
Mädchen mit
Träumen werden
Frauen mit
Visionen.

KAPITEL 20

Auf geht's, meine Freundin!

WERDE AKTIV!

Dein Leben ist voller Schönheit. Du bist Schönheit, denn jeder Mensch trägt die Schönheit des Schöpfers in sich. Öffne deine Augen dafür und lerne, sie zu sehen. Genieße sie, und teile diese Schönheit mit der Welt.

> *„Du kannst alle Rohkost dieser Welt essen.*
> *Alle Dinge dieser Welt kaufen.*
> *Alle Lasten der Welt tragen.*
> *Alle Länder der Erde besuchen.*
> *Alle möglichen Feste feiern.*
> *Alles, was keine Freude schenkt, aus deinem Leben verbannen.*
> *Oder genau andersherum …*
> *Dein Gesicht gründlichst waschen, schrubben und eincremen.*
> *Doch wenn deine Seele bei Jesus keine Ruhe findet, wirst du nie*
> *dein Ziel und deinen beständigen Frieden finden. Suchst du das*
> *alles? Die Antworten findest du in der Bibel."*

(aus: Alisha Illian, "Women (re)purposed", frei übersetzt)

Ich bin eine *gewöhnliche* Frau. Mit blinden Flecken, Fehlern und Unvoll-kommenheiten. Doch ich glaube an einen *außergewöhnlichen* Gott. Er

lässt mich über mich selbst hinauswachsen. Er gibt mir Kraft, wenn ich sie nicht habe. Er ermutigt mich mit seinen wunderbaren Versprechen aus der Bibel immer wieder. Ich bin davon überzeugt, dass er dich sieht und liebt. Er möchte dir helfen, aktiv zu werden. Er weiß, was du brauchst, und kennt deine tiefsten Sehnsüchte. Welches Kleid dir am besten steht, welcher Partner oder welcher Job das perfekte ‚Match' für dich sind.

Kennst du Gott oder Jesus noch nicht persönlich und möchtest mit ihm leben? Dann kannst du ein einfaches Gebet sprechen oder dieses Gebet laut vorlesen:

> „Herr Jesus Christus, ich brauche dich und möchte gerne mit dir leben. Danke, dass du für meine Sünden am Kreuz gestorben bist.
> Ich gebe dir mein Leben und ich nehme dich als meinen Erlöser und Retter an. Ich bitte dich, mir meine Sünden zu vergeben.
>
> Nimm mein Leben in deine Hände und fülle es mit allem, was du für mich bereithältst.
>
> Amen."

Wenn du dieses Gebet von Herzen gebetet hast, dann gehörst du ab jetzt zu Gottes Familie.

Sei die Frau,
als die
Gott dich
geschaffen hat.

Willkommen in der Familie!

Du wirst erleben, wie Gott dir immer mehr die Augen öffnen und dir zeigen wird, wer er ist und was das für dich bedeutet. Ich habe selbst erlebt, dass Gott so viel mehr tun kann, als wir uns vorstellen, erbitten, hoffen oder wünschen können. Genau das steht auch in der Bibel in Epheser 3,20. Und Millionen Christen auf der ganzen Welt können das persönlich bezeugen.

Als Teil dieser Familie wächst die Gewissheit: Nach diesem Leben ist es nicht zu Ende. Gott verspricht uns ewiges Leben, nah bei ihm. Ein Leben, das so wunderbar sein wird, dass selbst die schönsten Momente des irdischen Lebens verblassen und vergessen sein werden.

Zu guter Letzt

In meinem Leben gab und gibt es viele Menschen, denen ich sehr dankbar bin. Sie haben mich geformt und werden lassen, wer ich jetzt bin. Zuallererst meine lieben Eltern. Leider ist mein Vater schon vor vielen Jahren gestorben. Doch aufgrund seiner Liebe und Fürsorge konnte ich viele Schritte in meinem Leben gehen. Von ihm habe ich auch die Leidenschaft zu schreiben geerbt. Dann meine Mutter Maria, eine ganz besondere Frau, die ich sehr liebe. Sie hat ein großes und unglaublich liebevolles Herz. Sie hat immer Zeit zuzuhören und steht mit Rat und Tat bereit. Danke, liebe Mama, dass du bist, wer du bist. Du bist ein Vorbild für mich.

Dann Yntze, meine große Liebe, und schon mehr als 36 Jahre mein Ehemann. Danke, dass du mich liebst, dass du geduldig mit mir bist, mich unterstützt und mir immer wieder das Gefühl gibst, schön zu sein. Ich liebe dich. Meine drei Töchter Melissa, Felicia und Olivia, die mich immer wieder ermutigt haben, dieses Buch zu schreiben. Ich danke euch!

Auch meinen unzähligen Freundinnen danke ich. Egal, wo wir als Familie wohnten, überall hatte ich kostbare Freundinnen. Ihr habt mein Leben so reich gemacht. Danke für euren Rat, euer Zuhören, euer Dasein und für eure aufrichtige Freundschaft.

Zu guter Letzt noch ein besonderer Dank an meine Schwestern Gabi und Ulrike. Ohne euch wäre dieses Buch vielleicht nie entstanden. Unser besonderer Schwesternabend vor vielen Jahren in Amerika hat die

Basis für meine große Liebe für Frauen, Schmetterlinge und die Freiheit gelegt.

Ihr **alle** seid die „Gärtnerinnen" und „Gärtner", die – jede und jeder auf ihre und seine Weise – Samen in meinem Leben gesät haben, sodass ich wuchs und aufblühen konnte.

DANKE.